德群 ——— 编 著

巴菲特之道

The Warren Buffett Way

中国华侨出版社

·北京·

巴菲特在投资发展史上可谓独占鳌头，被喻为"当代最伟大的投资者""华尔街股神"，他创造了从 100 美元起家到获利 470 亿美元财富的投资神话。2000 年初，美国《财富》杂志评出 20 世纪的八大投资大师，而巴菲特名列榜首，成为名副其实的最伟大的投资者。巴菲特从 1965 年接手伯克希尔公司至 2007 年的 42 年间，经历过股市崩盘、高通货膨胀等险恶情况，但伯克希尔公司从未出现过亏损年度，这是绝无仅有的奇迹。而且，伯克希尔公司每股的净值由当初的 19 美元增长到 2007 年的 50498 美元，年复合增长率约为 22%。2008 年，"次贷危机"爆发前夕，伯克希尔公司留存了近 400 亿美元的现金，并持有近 300 亿美元的国债，所以在危机到来时，巴菲特才能出手阔绰，当一个个投资人都在惶惶不安中度日如年，他却"在别人恐惧的时候贪婪"，手持大量现金勇敢地在华尔街抄底，通过一系列卓有成效的重大举措在危机中守住了财富，避免了像百年投行雷曼、美林的神话相继破灭的命运。到 2010 年，巴菲特仍以净资产 470 亿美元位列福布斯排行榜第三名。

中国有句古话说："取法其上，得乎其中；取法其中，得乎其下。"我们要想在投资上取得卓越的业绩，最好的办法就是学习最伟大的投资大师的策略。毫无疑问，巴菲特就是一位最值得我们效法的大师。

本书系统、全面地总结了巴菲特的投资思想和方法，并收录了巴菲特主要的投资案例。通过本书，读者将会看到巴菲特价值投资理论的全貌，包括他的集中投资策略、如何挑选企业股票、如何做交易、如何读财报以及如何规避股市中的风险。随后收录的巴菲特投资成功案例也会对读者大有裨益。巴菲特曾用一句话概括他的价值投资理论的精髓："我们寻找的是一个具有持续竞争优势并且由一群既能干又全心全意为股东服务的人来管理的企业。当发现具备这些特征的企业而且我们又能以合理的价格购买时，我们几乎不可能出错。"

　　当然，不是每个人都能像巴菲特那样积累 470 亿美元的巨额财富，也不是每个人都能像巴菲特那样进行交易。学习巴菲特的意义在于，巴菲特为人们提供了一种方法、一种思维和一种态度，最重要的是一种境界，这种境界就是在年轻的时候想明白了很多事情，然后用一生的岁月去坚守。你越是在年轻的时候想明白这些事情，可能以后积累的财富就越多。那些成功的投资家会随着时间流逝最终淡出我们的视野，但他们的投资原则是永恒的，我们所要做的就是学习这些原则并付诸实践，并忍受长时间的孤独寂寞，经历种种困境，最终达到超凡脱俗的人生境界！

第一章 跟"股神"学投资

第二章 巴菲特的集中投资策略

第三章　巴菲特教你选择企业

第四章　巴菲特教你读财报

第五章　巴菲特教你挑选股票

第六章　巴菲特教你做交易

第七章　巴菲特教你如何防范风险

第八章　巴菲特的投资实录

第一章

跟"股神"学投资

>>>>>

/ 第一节
价值投资，黄金量尺

价值投资的本质：寻找价值与价格的差异

一般来说，采用价值投资法的投资者会用买下整个企业的审慎态度来下单买股票。他在买股票的时候，好比要买下街角的杂货店一样，会询问很多问题：这家店的财务状况怎样？是否存在很多负债？交易价格是否包括了土地和建筑物？未来能否有稳定、强劲的资金收入？能够有怎样的投资回报率？这家店的业务和业绩增长的潜力怎样？如果对以上的问题都有满意的答案，并能以低于未来价值的价格把这家店买入，那么就得到了一个价值投资的标的。

1984 年，巴菲特在哥伦比亚大学纪念格雷厄姆与多德合著的《证券分析》出版 50 周年的庆祝活动中发表演讲时指出，人们在投资领域会发现绝大多数的"掷硬币赢家"都来自一个极小的智力部落，他称之为"格雷厄姆与多德部落"，这个特殊的智力部落存在着许多持续战胜市场的投资大赢家，这种非常集中的现象绝非"巧合"二字可以解释。"来自'格雷厄姆与多德部落'的投资者共同拥有的智力核心是：寻找企业整体的价值与代表该企业一小部分权益的股票市场价格之间的差异，实质上，他们是在利用两者之间的差异。"

价格和价值之间的关系适用于股票、债券、房地产、艺术品、货币、贵金属，甚至整个美国的经济——事实上所有资产的价值波动都取决于买卖双方对该资产的估价。一旦你理解了这一对应关系，你就具有了超越大多数个人投资者的优势，因为投资者们常常忽略价格与价值之间的差异。

从20世纪20年代中期到1999年，道氏工业指数以年50%的复利率（按保留红利计息）增长。而同一时期，30种道氏工业指数公司的收入增长率为47%。但是，从账面上看，这些公司的价值年增长率为46%。两个增长率如此一致并非偶然。

从长期来看，公司股票的市场价值不可能远超其内在价值的增长率。当然，技术进步能够改善公司的效率并能导致短时期内价值的飞跃。但是竞争与商业循环的特性决定了公司销售、收入与股票价值之间存在着直接的联系。在繁荣时期，由于公司更好地利用了经济规模效益和固定资产设施，其收益增长可能超越公司的销售增长；而在衰退时期，由于固定成本过高，其公司收益也比销售量下降得更快（此即意味着公司的效率不高）。

但是，在实际操作中，股价似乎远远超过了公司的实际价值或者说预期增长率。实际上，这种现象不可能持续下去，股价与公司价值之间出现的断裂必须得到弥补。

如果理性的投资者拥有充分的信息，股票价格将会长期维持在公司的内在价值同一水平。然而在过热的市场下，当投资者似乎愿意为一只股票支付所有家当的时候，市场价格将被迫偏离其真实价值。华尔街便开始接受这只股票被高估这一非一般性的高增长率，同时忽略了其他长期稳定的趋势。

当把市场运动的趋势放在整个经济背景中去考察时，价格与价值之间的差异就显得极为重要了。投资者绝不能购买那些价格高于公司长期增长率水平的股票，或者说，他们应当对那些价格上涨的幅度超过公司价值增加的幅度的股票敬而远之。尽管精确估计公司的真实价值十分困难，但用以估价的证据仍然能够得到。例如，假若股票价格在某一时期内增长了50%，而同时期公司收入只有10%的增长率，那么股票价值很可能被高估，从而注定只能提供微薄的回报。相反，股票价格下跌而公司收入上升，那么应当仔细地审视收购该股票的机会。如果股票价格直线下降，而价格收入比低于公司预期的增长率，这种现象或许就可以看作是买入的信号，股票价格最终会回归其价值。如果投资人利用价格和价值的差异，在价值被低估时买入股票，那么他将会从中获利。

价值投资的基石：安全边际

安全边际是对投资者自身能力的有限性、股票市场波动的巨大的不确定性以及公司发展的不确定性的一种预防和扣除。有了较大的安全边际，即使我们对公司价值的评估有一定的误差，市场价格在较长的时期内也仍会低于价值，公司发展就是暂时受到挫折，也不会妨碍我们的投资资本的安全性，并能保证我们取得最低限度的满意报酬率。

格雷厄姆曾告诉巴菲特两个最重要的投资规则：

第一条规则：·永远不要亏损。

第二条规则：永远不要忘记第一条。

巴菲特始终遵循着导师的教诲，坚持"安全边际"的原则，这是巴菲特永不亏损的投资秘诀，也是成功投资的基石。格雷厄姆说："安全边际的概念可以被用来作为试金石，以助于区别投资操作与投机操作。"根据安全边际进行的价值投资，风险更低但收益更高。

寻找真正的安全边际可以由数据、理性的推理和很多实际经验得到证明。在正常条件下，为投资而购买的普通股，其安全边际大大超出了现行债券利率的预期获利能力。

如果忽视了安全边际，即使你买入非常优秀的企业的股票，如果买入价格过高，也很难盈利。

即便是对于最好的公司，你也有可能买价过高。买价过高的风险经常会出现，而且实际上现在对于所有股票，包括那些竞争优势未必长期持续的公司股票，这种买价过高的风险已经相当大了。投资者需要清醒地认识到，在一个过热的市场中买入股票，即便是一家特别优秀的公司的股票，可能也要等待很长的一段时间后，公司所能实现的价值才能增长到与投资者支付的股价相当的水平。

安全边际是投资中最为重要的，它能够：

（1）降低投资风险。

（2）降低预测失误的风险。

投资者在买入价格上，如果留有足够的安全边际，不仅能降低因为预测失误而引起的投资风险，而且在预测基本正确的情况下，还可以降低买入成本，在保证本金安全的前提下获取投资回报。

根据安全边际进行价值投资的投资报酬与风险不成正比而成反比，风险越低往往报酬越高。

在价值投资法中，如果你以 60 美分买进 1 美元的纸币，其风险大于以 40 美分买进 1 美元的纸币，但后者报酬的期望值却比前者高，以价值为导向的投资组合，其报酬的潜力越高，风险越低。

在 1973 年，《华盛顿邮报》公司的总市值为 8000 万美元，你可以将其资产卖给十位买家中的任何一位，而且价格不低于 4 亿美元，甚至还会更高。该公司拥有《华盛顿邮报》《新闻周刊》以及几家重要的电视台，这些资产目前的价值为 20 亿美元，因此愿意支付 4 亿美元的买家并非疯子。现在如果股价继续下跌，该企业的市值就会从 8000 万美元跌到 4000 万美元。更低的价格意味着更大的风险，事实上，如果你能够买进好几只价值严重低估的股票，如果你精通于公司估值，那么以 8000 万美元买入价值 4 亿美元的资产，尤其是分别以 800 万美元的价格买进 10 种价值 4000 万美元的资产，基本上是毫无风险的。因为你无法直接管理 4 亿美元的资产，所以你希望能够找到诚实且有能力的管理者，这并不困难。同时你必须具有相应的知识，使你能够大致地评估企业的内在价值，但是你不需要很精确地评估数值，这就使你拥有了一个安全边际。你不必试图以 8000 万美元的价格购买价值 8300 万美元的企业，但你必须让自己拥有很大的安全边际。

在买入价格上坚持留有一个安全边际。如果计算出一只普通股的价值仅仅略高于它的价格，那么就没有必要对其买入产生兴趣。相信这种"安全边际"原则——格雷厄姆尤其强调这一点——是投资成功的基石。

价值投资的三角：投资人、市场、公司

要想成功地进行投资，你不需要懂得有多大市场、现代投资组合理论等，你只需要知道如何评估企业的价值以及如何思考市场的价格就够了。

巴菲特说："评估一家企业的价值，部分是艺术，部分是科学。"价值投资者需要评估企业价值、思考市场价格。关于价值投资，作为一般投资者，并不一定要学习那些空洞的理论，只需学习公司估价与正确看待市场波动。

巴菲特认为投资者在学习公司估价与正确看待市场波动的同时，必须培养合适的性格，然后用心思考那些你下功夫就能充分了解的企业。如果你具有合适的性格，你的股票投资就会做得很好。

成功的投资生涯不需要天才般的智商、非比寻常的经济眼光或是内幕消息，所需要的只是在做出投资决策时的正确思维模式，以及有能力避免情绪破坏理性的思考，你的投资业绩将取决于你倾注在投资中的努力与知识，以及在你的投资生涯中股票市场所展现的愚蠢程度。市场的表现越是愚蠢，善于捕捉机会的投资者的胜率就越大。

综合巴菲特关于价值投资的论述，我们将其总结归纳为价值投资成功的金三角：

（1）培养理性自制的性格。

（2）正确看待市场波动。

（3）合理评估公司的价值。

以下我们分三方面来论述价值投资成功的金三角：

1. 如何分析自己，培养理性自制的性格

巴菲特强调投资成功的前提是理性的思维与自制的性格：

投资必须是理性的，如果你不能理解它，就不要做。

巴菲特的合作伙伴查理·芒格在斯坦福法学院的演讲中说："在投资中情商比智商更为重要。做投资你不必是一个天才，但你必须具备合适的性格。"

股票投资者只强调对公司财务数据的数学分析，并不能保证其成功，否则会计师和数学家就是世界上最富有的人了。但过于迷信属于投资艺术的灵感，也很危险，否则艺术大师、诗人、气功大师全都是投资大师了。

投资者在对公司的历史进行分析时，需要保持理性；对公司未来进行预测时需要敏感和直觉。但由于历史分析和未来预测都是由投资人做出的，而投资人在分析预测的过程中面对尽管很多却并不完整的历史信息，以及数量很少、准确性很差的未来预测信息时，每一次投资决策在某种程度上都是一种结果不确定的博弈。投资人的长期业绩取决于一系列的博弈。所以，投资人必须像职业棋手那样具有良好的性格，从而提高决策的稳定性，否则像赌徒那样狂赌，一次重大失误就足以致命。

2. 如何分析市场

态度对市场波动有很大的作用，是因为股票市场的影响力实在

是太巨大了，投资者要保持理性的决策是一件非常困难的事情。

正如巴菲特所说："一个投资者必须既具备良好的公司分析能力，同时又必须把他的思想和行为同在市场中肆虐的极易传染的情绪隔绝开来，才有可能取得成功。在我自己与市场情绪保持隔绝的努力中，我发现将格雷厄姆的'市场先生'的故事牢记在心是非常有用的。"

在市场波动的巨大心理影响下，保持理性是对市场波动有正确的态度和看法的前提。

投资大师们用其一生的投资经验为我们提出了正确看待市场波动的成功经验：

格雷厄姆和巴菲特的忠告："市场先生"是仆人而非向导。

巴菲特与林奇的警告：股市永远无法准确预测。

巴菲特与林奇投资成功的基本原则：要逆向投资而不是跟随市场大趋势。

投资大师对有效市场理论的共同批判：有效市场理论简直荒唐透顶。

3. 如何评估公司的价值

投资者首先要对公司的价值进行评估，确定自己准备买入的企业股票的价值是多少，然后跟股票的市场价格进行比较。投资者发现符合其选股标准的目标企业后，不管股价高低随意买入其股票并不能保证他获得利润。公司股票的市场价格如大大低于其对应的内在价值（更准确的应该是"真实价值"或"合理价值"），将会为价值投资人提供很大的安全边际和较大的利润空间。

因此，价值评估是价值投资的前提、基础和核心。巴菲特在伯克希尔公司1992年的年报中说："内在价值是一个非常重要的概念，它为评估投资和企业的相对吸引力提供了唯一的逻辑手段。"

　　因为股票的价值是公司整体价值的一部分，所以对于股东来说，不考虑股票交易的股票其内在价值评估与公司价值评估其实是完全相同的。价值投资人在进行价值分析时，对于上市公司和自己完全拥有的私有企业的价值评估方法是完全一样的。格雷厄姆指出："典型的普通股投资者是企业家，对他而言，用和估价自己的私人企业同样的方法来估价任何其他上市公司似乎是理所当然的做法。"价值投资人买入上市公司的股票，实质上相当于拥有一家私有企业的部分股权。在买入股票之前，首先要对这家上市公司的私有企业的市场价值进行评估。

股市中的价值规律

　　股票的价格本质上是由其内在价值决定的。越是成熟的股市，越是注重股票的内在价值。股票的价值越高，相对的股票价格就越大。股票的市场价格会受到供求关系的影响，而围绕价值上下波动。在一个健康的股市中，股价围绕价值波动的幅度都不大。股票的价格会随着企业的发展而变化，所以这是一个动态的平衡。一般来说，最多两年内可预期的股企效益增长，可列入动态价值考量的范畴，相对的股价可以高一些。尽管市场短期波动中经常使价格偏离价值，但从长期来看市场偏离价值的股票市场价格具有向价值回归的趋势。

希格尔说："政治或经济危机可以导致股票偏离其长期的发展方向，但是市场体系的活力能让它们重新返回长期的趋势。或许这就是股票投资收益率为什么能够超越在过去两个世纪中影响全世界的政治、经济和社会的异常变化而保持稳定性的原因。"

价值投资之所以能够持续地战胜市场，根本原因就在于其对价值规律的合理利用。投资者利用短期内价格与价值的偏离，以低价买入目标股票，形成理想的安全边际，利用长期内价格向价值的回归，以更高的价格卖出自己以前低价买入的股票，从而获取巨大的投资利润。

格雷厄姆在《证券分析》中指出："当证券分析家在寻找那些价值被低估或高估的证券时，他们就更关心市场价格了。因为此时他们的最终判断很大程度上必须根据证券的市场价格来做出。这种分析工作有以下两个前提：第一，市场价格经常偏离证券的实际价值；第二，当发生这种偏离时，市场中会出现自我纠正的趋势。"

格雷厄姆认为，内在价值是影响股票市场价格的两大重要因素之一，另一个因素即投机因素，价值因素与投机因素的交互作用使股票市场价格围绕股票的内在价值不停地波动，价值因素只能部分地影响市场价格。价值因素是由公司经营的客观因素决定的，并不能直接被市场或交易者发现，这需要通过大量的分析才能在一定程度上近似地确定，通过投资者的感觉和决定，间接地影响市场价格。由于价值规律的作用，市场价格经常偏离其内在价值。

分析格雷厄姆关于价值投资的论述，我们会发现，格雷厄姆价值投资的基本思想是对股票市场价值规律的合理利用。

格雷厄姆将价值投资成功的根本原因归于股票价格波动形成的

投资机会:"从根本上讲,价格波动对真正的投资者有一个重要意义:当价格大幅下跌后,提供给投资者低价买入的机会;当价格大幅上涨后,提供给投资者高价卖出的机会。"

股市总是特别偏爱投资于估值过低股票的投资者。首先,股市几乎在任何时候都会生成大量的真正估值过低的股票以供投资者选择。然后,在其被忽视且朝投资者所期望的价值相反运行相当长时间以检验它的坚定性之后,在大多数情况下,市场总会将其价格提高到和其代表的价值相符的水平。投资者利用市场中的价值规律来获取最终利润。

200多年的股市历史表明,受价值规律的影响,股票价格会围绕股票价值上下波动,不过股票市场的波动更加激烈。这是因为:

(1)金融证券的价格受一些影响深远但又变幻莫测的因素支配。格雷厄姆形象地把这种影响证券价格波动的非人力因素称为"市场先生"。"市场先生"每天都现身来买卖金融资产,它是一个奇怪的家伙,它根据各种各样难以预料的情绪波动,使价格落在其所愿意成交的位置上。

(2)尽管金融资产的市场价格涨落不定,但许多资产具有相对稳定的基础经济价值。训练有素且勤勉的投资者能够精确合理地衡量这一基础经济价值。证券的内在价值与当前的交易价格通常是不对等的。

(3)在证券的市场价格明显低于计算所得的内在价值时购买证券,最终必将产生超额的回报。理论上价值和价格之间的差距约等于基础价值的1/2,而且至少不低于基础价值的1/3。最终的收益可能更大,而且更重要的是非常安全。

作为投资者必须明白的一点是，有些优秀的公司，因为受众人所爱，所以本益比不会很低。因此，对于投资者来说，只要一家公司一直都在快速而又稳定地成长，那么 30 ~ 40 倍的本益比也未必过分。

因此，投资者在分析优秀公司时，应该翻查有史以来有关公司的本益比资料，然后在股市低迷的时候，看看这家公司的本益比是不是已经跌入前所未有的境地。

价值投资能持续战胜市场

作为投资者，在投资中，你付出的是价格，而得到的是价值，不需要考虑那些单个股票的价格周期及整个市场的波动。市场周期绝不是影响投资者选择股票的重要因素，当股价处在高位时，你更难以发现那些被市场低估的股票，因为此时大多数股票价格偏高；而当市场处在低迷时，你的选择余地会更大，因为此时大多数企业价值被低估，你就有了更多的选择。

巴菲特说："每个价值投资的投资业绩都来自利用企业股票市场价格与其内在价值之间的差异。"价值投资以高收益和低风险持续战胜市场。

从格雷厄姆 1934 年出版的《证券分析》一书提出价值投资以后，70 多年来，证券市场不断发展壮大，已经发生了巨大的变化，那么，价值投资在这 70 年期间一直有效吗？答案是：有效，而且非常有效，甚至可以说价值投资是唯一一种能够持续战胜市场的投资策略。

价值投资的实践也证明，基于安全边际的价值投资能够取得超出市场平均水平的投资业绩，而且这种超额收益并非来自高风险，相反，价值投资策略的相对风险更小。

巴菲特关于价值投资的收益更高、风险更低的说法，根据一些财务指标与股票价格的比率分析（价格与收益比、价格与账面值比、价格与现金流量比等）表明，投资于低市盈率、低股价股利收入比率、低股价现金流比率股票，能够取得超额的投资利润。这些指标尽管并不能直接表示安全边际的大小，但可以间接证明比率较低的公司股票相对于比率较高的公司股票可能被低估，所以，相对而言具有较大的安全边际。因此，这为普通投资者采用价值投资策略提供了更多的依据。

价值投资者利用价格与价值的偏离，以低价买入目标股票，以更高的价格卖出自己以前低价买入的股票。那么，价值投资原理为什么有效呢？也就是说，股票市场中价格与价值为什么会这样波动呢？在股票市场中，价格为什么会经常偏离价值，而且在价格偏离价值后，经过相当长的时间后，价格会向价值回归呢？这是所有价值投资人都必须思考的最重要的问题。因为认识市场的波动规律，对于投资人战胜市场具有非常重大的意义。

实际上，价值投资能持续战胜市场的关键在于股市波动，合理利用价值规律。巴菲特回忆在为格雷厄姆—纽曼公司工作时，他问他的老板格雷厄姆："当一家股票的价值被市场低估时，作为投资者如何才能确定它最终将升值呢？"格雷厄姆只是耸耸肩，回答说：

"市场最终总是会这么做的……从短期来看，市场是一台投票机；但从长期来看，它是一台称重机。"

在当今社会，价值投资越来越引起人们的关注，但真正这样做的人并不多。因为价值投资的概念虽然不难懂，但人们却很难真正这样实践，因为它与人性中的某些惯性作用是相抵触的。投资者习惯了"旅鼠式"的行动，如果让他们脱离原有的群体，是非常不容易的。就像巴菲特所指出的那样："在我进入投资领域三十多年的亲身经历中，还没有发现运用价值投资原则的趋势。看来，人性中总是有某种不良成分，它喜欢将简单的事情复杂化。"

对投资者来说，重要的不是理解别人的投资理念，而是懂得在实践中如何运用它。

作为普通投资者，在买入价格上留有足够的安全边际，不仅能降低因为预测失误而引起的投资风险，而且在预测基本正确的情况下，还可以降低买入成本，在保证本金安全的前提下获取稳定的投资回报。

影响价值投资的五个因素

价值投资人买入上市公司的股票，实质上相当于拥有了一家私有企业的部分股权。在买入股票之前，首先要对这家上市公司的私有企业市场价值进行评估。要想成功地进行投资，你不需要懂得有多大市场、现代投资组合理论等，你只需要知道如何评估企业的价值以及如何思考市场价格就够了。

价值投资是相对风险投资而言的，是基于围绕价值轴心的价格波动，而产生低买高卖的投资行为，以及追求长远价值预期和价值实现，而分享资产长期增值的利益，并非短期炒作。

传统或狭义的价值投资，主要指对潜力产业、热门行业的直接实业投资，比如，20 世纪 80 年代初期，商品经济开始活跃，直接投资消费品加工厂和发展贸易成为热点；90 年代初期，中国住房体制改革，众多的直接投资开发，带动了房地产业的兴旺；进入 2000 年，全球经济快速发展，形成了能源瓶颈，石油、煤炭、电力等能源产业成为投资热点，等等。而广义的价值投资不仅包括直接的实业投资行为，而且还包括对相关资产的间接投资，即对相关产业上市资产或上市公司的投资。由于长期以来人们对"价值投资"的漠视和误解，往往把上市资产的投资或股票市场投资也理解为高风险投资。一个成熟的股票市场的基石和内涵，就在于其价值资产。

价值投资不仅是一个正确的投资理念，更是一种正确的投资方法和技巧。人们之所以谈股色变，视股市为高风险场所，根本原因还在于法制不健全、管理与监控的效率缺失、公司治理的薄弱和经济周期与市场的波动对资产价值和投资者心理产生的影响。而价值投资的重点，就是广义概念的证券市场之价值掘金。

价值投资是基于对上市公司所处的市场环境、行业地位和内在价值等基本方面的全面认真地分析，并通过一定的价值分析模型，将上市资产的内在价值量化，确定合理的价格表达，并通过与市场现行价格的比较，来挖掘出被市场严重低估价值的股票或资产，以适时地进行有效投资的过程。简单来说，就是寻求股票价值回归，根据上市公司的发展前景、盈利能力和历史表现推估投资股票的价格，进行低买高卖的获利操作，或长期持有，分享资产增值利益。

被誉为"证券分析之父"的本杰明·格雷厄姆在所著《证券分析》一书中指出："价值投资是基于详尽的分析，资本的安全和满意的回报有保障的操作。不符合这一标准的操作就是投机。"格雷厄姆还提出："决定普通股价值的基本因素是股息率及其历史纪录、盈利能力和资产负债等因素。"

价值投资大师巴菲特是价值投资理论的实践者，他更注重公司的成长和长期利益，并愿意为此付出合理的价格。巴菲特将格雷厄姆的价值理念概括为："用0.5美元的价格，买入价值1美元的物品。"格雷厄姆揭示了价值投资的核心，巴菲特则用自己的实践告诉我们如何进行投资。2003年巴菲特在香港证券市场以1.6港元的均价投资了"中国石油"股票，按现价约9港元算他已获利上百亿，这就是最好的例证。根据《证券分析》一书所阐述的原理，上市公司股票价值主要由五大因素构成：

（1）分红派息比例。合理的分红派息比例，反映了公司良好的现金流状况和业务前景，亦是优质蓝筹股票的重要标志。优质资产的派息率应持续、稳定，且高于银行同期存款利率，企业发展与股东利益并重，如，汇丰银行为4.37%，和黄为2.38%，中移动为2.49%，电信盈科达为7.5%。分红派息率过低，说明公司业务缺乏竞争力，股东利益没有保障，股票无吸引力。分红派息率不稳定，且突然派息过高，反映了公司缺乏长远打算，或业务前景不明朗。

（2）盈利能力。它反映公司整体经营状况和每股获利能力。主要指标是公司的边际利润率、净利润和每股的盈利水平，该指标越高越好。有价值的公司，盈利能力应是持续、稳定地增长，且每年盈利增长率高于本地生产总值的增长率。

（3）资产价值。它主要以上市公司的资产净值衡量（净资产=总资产-负债），它是资产总值中剔除负债的剩余部分，是资产的核心价值，可反映公司资产的营运能力和负债结构。合理的负债比例，体现了公司较好的资产结构和营运效率；较高的资产负债比例，反映了公司存在较大的财务风险和经营风险。

（4）市盈率（P/E 值）。指普通股每股市价同每股盈利的比例。影响市盈率的因素是多方面的，有公司盈利水平、股价、行业吸引力、市场竞争力和市场成熟度等。每股盈利高，反映市场投资的盈利回报就高（市盈率或每股当年盈利/每股股价）；若市场相对规范和成熟，则市盈率表现相对真实客观，即股价对资产价值的表达相对合理，反之则为非理性表达，泡沫较大。同时，市盈率也反映市场对公司的认同度，若公司业务具有行业垄断、经济专利和较强的竞争力，则市场吸引力较高，可支撑相对较高的市盈率，即股价表达较高。如，截至 2006 年 3 月底，汇丰市盈率为 12.25 倍，中移动市盈率为 15.68 倍。

（5）安全边际。股票价格低于资产内在价值的差距称为"安全边际"。内在价值指公司在生命周期中可产生现金流的折现值。短期资产价值，通常以资产净值衡量。买股票时，若股价大幅低于每股的资产净值，则认为风险较低；若低于计算所得的资产内在价值较多，则安全边际较大，当股价上涨，可获超额回报，扩大投资收益，并可避免市场短期波动所产生的风险。

①股票年度回报率=（当年股息+年底收市价-年初收市价）/年初收市价×100%

②个股回报率=（获派股息+股票估出收入-股票购入成本）/股票购入成本×100%

价值投资着眼于公司长远利益的增长和生命周期的持续，从而进行长期投资，以获得股东权益的增值。股东权益的增值，来源于经营利润的增长，长期而言，股票价格的增长，应反映公司价值前景和经营利润；短期看，股票价格会受各种因素（如利率、汇率、通货膨胀率、税制、国际收支、储蓄结构、能源价格、政治外交和突发性重大事件）的影响而波动。

/ 第二节
评估一只股票的价值

股本收益率高的公司

公司的股本收益率走势和未来盈利走势之间存在着某种相关的关系。如果年度股本收益率上升，盈利率也应该同样上升。如果股本收益率的走势稳定，那么盈利率的走势就很可能会同样稳定，并且具有更高的可预见性。

作为投资者，如果你能估计公司未来的股本收益率，那么你就可以估计股本价值在年度间的增长。如果你能估计股本价值的增长，你就能合理地预测取得每年年终股本价值所需的盈利水平。

巴菲特说："当股价走到了相对于其盈利增长以及股本收益率具有吸引力的水平时，才应当购买。"这是取得成功的一个要诀。

作为一个股票持有者，应该把注意力集中在具有高水平股本收益率的公司上，因为股票业绩指标直接关系到你的钱包。你应该主要关心投资收益，或者从股票中获得的现金流。你得到过股息吗？股票价格上升了吗？你的总收益率是多少？

投资收益在对公司进行分析时发挥着一个重要作用，它把股票价格和股票价值置于一个恰当的关系之中。许多投资者都把注意力集中在公司的过去及预测的盈利增长上。即使顶尖的分析师们一般也非常关注盈亏底线的增长，把其作为衡量成功的标准。然而，一个公司使投资者的资本获得高收益的能力，对于长期增长同样是至关重要的。

在某些方面，投资收益是衡量公司表现的一个更加重要的尺度，因为公司可以借助众多的手段来改变它们的会计利润。

股票投资者的收益包括股息支付加上投资者在股票持有期内所经历的股票价格的上升部分（减去下降部分）。市场只关注股票持有者的年收益，通常用收入或者损失的百分比来表示，并且通常以日历纪年为基准期来计算收益。股票持有者的收益指的是年收益，等于股息与股票价格净变化的和除以股票的初始价格：

股票持有者收益率＝（股息＋股票价格变动）/股票初始价格

例如，如果一只股票的年初价格是 100 美元，随后的一年中发放 1 美元的股息，年终股票价格是 109 美元，其持有者的收益率就等于（1+9）/100=10%。这个计算并不复杂。

股票市场可能因为宏观经济问题而出现下降，诸如较高的利率、较低的盈利预测、通货膨胀或紧缩恐慌、地缘政治情况，比如中东关系恶化、俄罗斯货币危机等。这种市场的下跌力量可能会推动你的股票一起下跌，公司管理层对股票价格的反向运动也无能为力。所以即便公司的运营和盈利前景都非常良好，但股票持有者的收益率也可能是负数。

相反，在公司的运营非常普通或者糟糕的时候，股票持有者的收益率可能非常好。股票市场可能因为某种积极的经济事件而上扬，比如，一次大罢工事件的妥善解决或者减少了通货膨胀的恐慌。糟糕的公司运营状况可能会使公司进入被收购的候选名单，股票价格的上升可能是对这个公司的股票收购要约的结果。例如，1997 年，所罗门兄弟公司在交易中遭受了严重损失，导致旅游者集团旗下的史密斯—巴尼公司以远高于当时市价的溢价水平收购了所罗门公司。

当一家公司取得了高水平的股本收益率时，表明它在运用股东们提供的资产时富有效率。因此，公司就会以很快的速度提高股本价值，由此也使股价同样快速地增长。

股本收益有没有一个标准呢？

标准普尔 500 指数代表的公司的股票收益，在 20 世纪的大部分时间里，平均水平在 10% ~ 15% 之间，然而到 90 年代却急剧增长。到 90 年代末，公司的股东收益超过了 20%。考虑到这是 500 家公司的平均水平，20% 的水平确实是一个惊人的速度。在 90 年代，许多技术公司的股本收益都持续超过了 30%。许多生产消费品的公司，如可口可乐、菲利浦·莫里斯，以及某些制药公司，如华纳·兰伯特（Wamer Lambert）、艾博特实验室，还有默克公司，它们的股本收益都超过了 30%。由于公司为股东持有的股票（或者账面价值）创造了如此高的收益，投资者们愿意为其股票支付一个相对于账面价值来说很高的溢价。在 20 世纪的大部分时间里，股票价格一般为股本价值的 1 ~ 2 倍，而这些公司的平均股票价格到 1999 年后期却超过了股本价值的 6 倍。

但是 1999 年之前，巴菲特开始质疑公司能否以超过 20% 的速度持续地提高股本收益。他认为如果它们不能做到，股价就不应该达到 6 倍于股东价值的水平。历史证实了巴菲特的判断。在 90 年代，美国公司不再慷慨地分派红利，而是越来越多地保留了当年的盈利。此外，美国经济似乎只能维持 3% ~ 4% 的年增长率，在这些条件下，公司无限期地保持 20% 的股本收益的增长速度几乎是不可能的，必须达到一个超过 20% 的年盈利的增长速度，才能使股本收益以 20% 的速度增长——这是不可能的，除非经济增长速度每年远远超过 10%。

但巴菲特也确信，公司能够创造并维持高水平的股本收益率是可遇而不可求的，这样的事情实在是太少了。因为当公司的规模扩大时，维持高水平的股本收益率是极其困难的事情。事实上，许多非常大的、非常有希望的美国公司——其中包括通用电气、微软、沃尔玛以及思科系统，由于规模扩大，几年来股本收益率一直在稳定下降。这些公司发现当股本价值仅为 10 亿美元时，赚取足够的利润使股本收益率记录达到 30% 是很容易的事情。现在，比如说，当股本达到 100 亿或者 200 亿美元时，公司要维持 30% 的股本收益率是极其困难的。

利用"总体盈余"法进行估算

每股盈余是指税后利润与发行在外的普通股数的比率，反映普通股股东所持股份中每股应分享的利润。显然，这一比率越高越好，比率越高，每一股可得的利润就越多，股东投资收益就越好；反之就越差。其计算公式如下：每股盈余 = 税后纯益 - 特别股股利发行在外的普通股股数。每股盈余弥补了股东仅知道每股所获得的股利而不了解盈利的全面情况的这一不足。同时，这一指标也直接关系到股票价格的升跌。

巴菲特说："在这个巨大的交易舞台中，我们的任务就是寻找这类企业——它的盈利状况可以使每一美元的留存收益至少能转化为一美元的市场价值。"每位投资者的目标就是建立可以在未来很多年还能产生总体盈余最高的投资组合。

当巴菲特考虑准备进行一项新的投资时，他会先与已经拥有了的投资进行比较，看新的投资是否会表现得更好。伯克希尔公司已经拥有一个完备的评估体系来衡量新投资案，因为它过去已经积累了许多不错的投资案可供比较。对于普通投资者来说，最好的评估指标就是自己已经拥有的投资案。如果新投资案的未来潜在表现还不如你已经拥有的那一个好，就表明它还没有达到你的投资门槛，以此方法可以有99%的把握检验出你目前所看到的投资案的价值。为了了解公司股票的投资价值，巴菲特经常利用"总体盈余"法进行估算。

伯克希尔公司的总体盈余是该公司及其转投资公司营运盈余的总和，加上投资股票巨大的保留盈余，以及该公司在保留盈余没有派发股息的情形下必须付出的税金预提部分。许多年来，伯克希尔公司的保留盈余来自惊人的股票投资报酬，包括可口可乐、联邦房屋贷款公司、吉列剃须刀公司、《华盛顿邮报》等公司。到1997年，公司保留了惊人的数额盈余。不过根据现在一般的会计原则，伯克希尔公司还不能在损益表中公布其每股保留盈余。尽管如此，巴菲特指出，保留盈余还是有其明显的衡量价值的。

总体盈余法为价值投资者检验投资组合提供了一个指标。

从 1965 年巴菲特领导伯克希尔公司以来，该公司的总体盈余一直与公司的股票价格同步增长。但是有的时候盈余会比价格先反映出来，尤其是当格雷厄姆口中的"市场先生"表现得较为低迷的时候。同样，有时价格又比盈余先反映出来。但是无论如何，彼此的关联性必须经过较长的时期才会得到应有的反映。巴菲特说："这种方式会迫使投资人思考标的公司的长期远景，而不只是炒作短线题材，如此操作，成绩才会有大进步。"

作为一般投资者，在对未来的盈余状况进行评估时，应当首先研究过去。许多投资实践表明，一个公司增长的历史记录是其未来走向的最可靠的指示器。这种思路可以帮助你了解你所研究的对象，它是一个像默克那样的稳定增长的公司，还是一个像英科那样的高负债的周期性增长的公司。

可是，在数千家上市公司中，仅有一小部分实现了这样的稳定程度。其中包括艾博特实验室、默克公司、菲利浦·莫里斯、麦当劳、可口可乐、埃默森电气、自动数据处理以及沃尔格林公司。如果你绘制了这些公司多年来的利润增长图表，你就会发现一个几乎连续的趋势——无论在经济走强还是走弱时期，利润都在按一个稳定的比率增长着。能在相当长的时期内保持这样稳定水平的公司极有可能在将来做得同样好。

投资者们经常会犯这样的错误：他们对公司增长水平的推断超越了公司真实的增长率，并且他们假定一家公司能够突然地与过去一刀两断。实际上，你应当预期到一个相反的结果：或早或晚，公司的总体盈余最终会降下来，因为寻找新的市场、不断扩大销售，会变得更加困难。

利用现金流量进行评估

自由现金流量贴现模型是理论上最严密、实践中最完善的公司价值评估模型，它完全适用于持续竞争的优秀企业。

巴菲特说："内在价值是一个非常重要的概念，它为评估投资和企业的相对吸引力提供了唯一的逻辑手段。内在价值的定义很简单，它是一家企业在其余下的寿命中可以产生的现金流量的贴现值。"没有准确的价值评估，巴菲特也无法确定应该以什么价格买入股票才划算。他认为现金流量是进行价值评估的最好方法。

要进行准确的价值评估，必须做好以下三种选择：选择正确的估值模型——现金流量贴现模型；选择正确的现金流量定义和贴现率标准；选择正确的公司未来长期现金流量的预测方法。

1. 选择正确的估值模型——现金流量贴现模型

准确进行价值评估的第一步是选择正确的估值模型。巴菲特认为，唯一正确的内在价值评估模型是 1942 年约翰·伯尔·威廉姆斯提出的现金流量贴现模型：

"在写于 50 年前的《投资价值理论》中，约翰·伯尔·威廉姆斯提出了价值计算的数学公式，这里我们将其精练为：今天任何股票、债券或公司的价值，取决于在资产的整个剩余使用寿命期间预期能够产生的、以适当的利率贴现的现金流入和流出。请注意这个公式对股票和债券来说完全相同。尽管如此，但两者之间有一个非常重要的，也是很难对付的差别：债券有一个息票（coupon）和到期日，从而可以确定未来现金流。而对于股票投资，投资分析师则必须自己估计未来的'息票'。另外，管理人员的能力和水平对于债券息票的影响甚少，主要是在管理人员如此无能或不诚实以至于暂停支付债券利息的时候才有影响。与债券相反，股份公司管理人员的能力对股权的'息票'有巨大的影响。"

其实，关于股票的价值评估方法有很多种，那么，巴菲特为什么认为现金流量贴现模型是唯一正确的估值模型呢？

只有现金流量贴现模型，才能比较准确地评估具有持续竞争优势的企业的内在价值。

而且它是最严密、最完善的估值模型。这是因为：

（1）该模型是在对构成公司价值的业务的各个组成部分创造的价值进行评估的基础上计算公司的权益价值。这样可以使投资者明确和了解公司价值的来源、每项业务的情况及价值创造的能力。

（2）公司自由现金流量的多少反映了竞争优势水平的高低，产生自由现金流量的期限与竞争优势持续期相一致，资本成本的高低也反映了竞争中投资风险的高低。

（3）该模型非常精密，能处理大多数复杂的情况。

（4）该模型与多数公司熟悉的资本预算的编制过程相一致，计算也比较简单，易于操作。

2. 选择正确的现金流量定义和贴现率标准

准确进行价值评估的第二步是选择正确的现金流量定义和贴现

率标准。

巴菲特认为："今天任何股票、债券或公司的价值，取决于在资产的整个剩余使用寿命期间预期能够产生的，以适当的利率贴现的现金流入和流出。"也许你会因此认为巴菲特使用的内在价值评估模型与我们在财务管理课程中学习的现金流量贴现模型完全相同。实际上二者具有根本的不同。

巴菲特认为通常采用的"现金流量等于报告收益减去非现金费用"的定义并不完全正确，因为这忽略了企业用于维护长期竞争地位的资本性支出。

巴菲特并没有采用加权平均资本作为贴现率，而采用长期国债利率，这是因为他选择的企业具有长期持续竞争的优势。

3. 选择正确的公司未来长期现金流量的预测方法

可以肯定的是，投资人要得出一个证据充分的正确结论，需要对公司的经营情况有大致的了解，并且需要具备独立思考的能力。但是，投资者既不需要具备什么出众的天才，也不需要具备超人的直觉。很多时候，即使是最聪明的投资人都没有办法提出确凿的证据，即使是在最宽松的假设下仍是如此，这种不确定性在考察新成立的企业或是快速变化的产业时经常发生。在这种非常不确定的情况下，任何规模的投资都属于投机。

正是基于这些原因，巴菲特认为，防止估计未来现金流量出错有两个保守却可行的办法：能力圈原则与安全边际原则。"尽管用来评估股票价值的公式并不复杂，但分析师，即使是经验丰富且聪明智慧的分析师在估计未来现金流时也很容易出错。在伯克希尔，我们采用两种方法来对付这个问题。第一，我们努力固守于我们相信我们可以了解的公司。这意味着它们的业务本身通常具有相当简单且稳定的特点，如果企业很复杂而产业环境也不断在变化，那么，我们就实在是没有足够的聪明才智去预测其未来现金流量了，碰巧的是，这个缺点一点也不会让我们感到困扰。对于大多数投资者而言，重要的不是他们到底知道什么，而是他们真正明白自己到底不知道什么。只要能够尽量避免犯重大的错误，那么投资人只需要做很少的几件正确的事情就足可以保证盈利了。第二，亦是同等重要的，我们强调在我们的买入价格上留有安全边际。如果我们计算出一只普通股的价值仅仅略高于它的价格，那么，我们不会对其买入产生兴趣。"

总的说来，利用现金流量进行评估是股票价值评估中非常重要的参数，其选择是否恰当将对评估结果和投资判断产生巨大的影响。巴菲特之所以认为利用现金流量评估是简单而且有效的，这是因为：

（1）巴菲特把一切股票投资都放在与债券收益的相互关系之中来看待。如果他在股票上无法得到超过债券的潜在收益率，那么，他会选择购买债券。因此，他的公司定价的第一层筛选方法就是设定一个门槛收益率，即公司权益投资收益率必须能够达到政府债券的收益率。

（2）巴菲特并没有浪费精力试图去为他研究的股票分别设定一个合适的、唯一的贴现率。每个企业的贴现率（资本成本）是动态的，它们随着利率、利润估计、股票的稳定性以及公司财务结构的变化而不断变动。对一只股票的定价结果，与其做出分析时的各种条件紧密相关。但是两天之后，可能会出现新的情况，迫使一个分析家改变贴现率，并对公司做出不同的定价。为了避免不断地修改模型，巴菲特总是很严格地保持他的定价参数的一致性。

（3）如果一个企业没有任何商业风险，那么，他的未来盈利就是完全可以预测的。在巴菲特眼里，可口可乐、吉列等优秀公司的股票就如同政府债券一样毫无风险，因此，应该采用一个与国债利率相同的贴现率。

运用概率估值

用概率来思考，不管是主观概率还是客观概率，都使投资者对所要购入的股票进行清醒和理智地思索。

巴菲特说："用亏损概率乘以可能亏损的数量，再用收益概率乘以可能收益的数量，最后用后者减去前者。这就是我们一直试图运用的方法。"

在投资中，概率的运用可以提高预测的准确性，降低了投资的风险。

如果我们说股票市场是一个无定律的世界，那么此话就过于简单了。在这个世界上成千上万的力量结合在一起，才产生出了各种股票价格，这些力量随时都处于变动状态，任何一股力量对股票价格都会产生影响，而没有任何一股力量是可以被准确地预测出来的。投资人的工作就是正确评估各种股票价格变化的可能性，判断股票价格变化带来的影响，并从中选择最具有投资价值的股票。

不管投资者自己是否意识到了，几乎所有的投资决策都是概率的运用。巴菲特的投资决策也应用了概率论，并巧妙地加进了自己的理解。

巴菲特说："先把可能损失的概率乘以可能损失的量，再把可能获利的概率乘以可能获利的量，然后两者比较。虽然这种方法并不完美，但我们尽力而为。"

要把概率理论应用到实际的投资当中去，还需要对数字计算的方法有更深刻的理解。

掷硬币猜中头像一面的概率为 1/2，这意味着什么呢？或者说掷骰子单数出现的概率为 1/2，这又是什么意思呢？如果一个盒子里装有 70 个绿色大理石球，30 个蓝色大理石球，为什么蓝色大理石球被捡出的概率为 3/10。上面所有的例子在概率发生事件中均被称为频率分析，它是基于平均数的法则。

如果一件不确定事件被重复无数次，事件发生的频数就会被反映在概率中。如果我们掷硬币 10 万次，预计出现的头像次数是 5 万次。注意并不是"它将等于 5 万次"。按无限量大的原理只有当这个行为被重复无数次时，它的相对频数与概率才趋向于相等。从理论上讲，我们知道投掷硬币得到"头像"这一面的概率是 1/2，但我们永远不能说两面出现的概率相等，除非硬币被掷无数次。

澄清投资与概率论之间联系的一个例证是风险套购的做法。

根据《杰出投资家文摘》的报道，巴菲特对风险套购的看法与斯坦福商学院的学生的看法是相同的。巴菲特解释道："我已经做了 40 年的风险套购，我的老板格雷厄姆在我之前也做了 30 年。"风险套购从纯粹意义上讲，不过是从两地不同市场所报的证券差价中套利的做法。比方说，同种商品和货币在全世界不同的市场上报价，如果两地市场对同种商品的报价不同，你可以在这个市场上买入，然后在另一个市场上卖出，并将这其中的差额部分装入自己的腰包。

风险套购已成为目前金融领域普遍采用的做法，它也包括对已宣布购并的企业进行套购。但巴菲特说："我的职责是分析这些（已宣布购并）事件实际发生的概率，并计算损益比率。"

巴菲特经常运用主观概率的方法来解释自己的决策过程。他说："如果我认为这个事件有 90% 的可能性发生，它的上扬幅度就是 3 美元，同时它就有 10% 的可能性不发生，它下挫的幅度是 9 美元。用预期收益的 27 美元减去预期亏损的 9 美元就得出 18 美元的数学预期收益。"

接下来，巴菲特认为必须考虑时间跨度，并将这笔投资的收益与其他可行的投资回报相比较。如果你以每股 27 美元的价格购买阿伯特公司的股票，按照巴菲特的计算，潜在收益率为 66%（18 美元除以 27 美元）。如果交易有望在 6 个月内实现，那么投资的年收益率就是 132%。巴菲特将会把这个风险套购收益率同其他风险投资收益率进行比较。

通常，风险套购会隐含着潜在损失。巴菲特承认："拿套利作为例子，其实我们就算在获利率非常确定的购并交易案中亏损也无所谓，但是我们不愿意随便抓住一些预期损失概率很大的投资机会。为此，我们希望计算出预期的获利概率，从而能真正成为决定是否投资此标的的唯一依据。"

由以上我们可以看出，巴菲特在风险套利的概率评估上是相当主观的。风险套利并无实际获利频率可言，因为每一次交易都不同，每一种情况都需要做出不同的独立评估。但即使如此，理性的数学计算仍能显示出风险套利交易的获利期望值的高低。

从以上我们可以总结出如何在投资中运用概率论：

（1）计算概率。

（2）根据新的信息调整概率。

（3）随着概率的上升，投资数量也应加大。

（4）只有当成功的概率完全对你有利时才投资。

不管投资者自己是否意识到了，几乎所有的投资决策都是概率的应用。为了成功地应用概率原理，关键的一步是要将历史数据与最近可得的数据相结合。

但是，也有投资者认为，巴菲特的投资战略之所以有效是因为他有这个能力，而对那些没有这种数学能力的一般投资者，这个战略就无效。实际上这是不对的。实施巴菲特的投资战略并不需要投资者学习高深的数学。《杰出投资家文摘》报道在南加州大学所做的演讲中，蒙格解释道："这是简单的代数问题，学起来并不难。难的是在你的日常生活中几乎每天都应用它。费马·帕斯卡定理与世界的运转方式是完全协调的。它是基本的事实，所以我们必须掌握这一技巧。"

那么，我们在投资中努力学习概率论是否值得呢？答案是肯定的。因为巴菲特的成功就与其概率计算能力有密切的联系。假如投资者也能学会从概率的角度思考问题，那么就会踏上获利之路，并能从自身的经验中吸取教训。

找出价格与价值的差异

在实际操作中，股价似乎远远超过了公司的实际价值或者说预期增长率。实际上，这种现象不可能持续下去，股价与公司价值之间出现的断裂必须得到弥补。如果理性的投资者拥有充分的信息，那么股票价格将会长期与公司的内在价值保持同一水平。然而在过热的市场下，当投资者似乎愿意为一只股票支付所有家当的时候，市场价格将被迫偏离真实价值。

在股市中，如果没有找到价格与价值的差异，你就无法确定以什么价位买入股票才合适。

内在价值是一家企业在其存续期间可以产生的现金流量的贴现值。但是内在价值的计算并非如此简单。正如我们定义的那样，内在价值是估计值，而不是精确值，而且它还是在利率变化或者对未来现金流的预测修正时必须相应改变的估计值。此外，如果两个人根据完全相同的一组事实进行估值，那么几乎总是不可避免地得出至少是略有不同的内在价值的估计值。

正如巴菲特所说："价值评估，既是艺术，又是科学。"

巴菲特承认："我们只是对于估计一小部分股票的内在价值还有点自信，但这也只限于一个价值区间，而绝非那些貌似精确实为谬误的数字。"

投资者要做的就是寻找企业整体的价值与代表该企业一小部分权益的股票市场价格之间的差异，实质上，他们是在利用两者之间的差异。

巴菲特认为，投资者要想科学地评估一个企业的内在价值，为自己的投资做出正确的判断提供依据，就必须注意以下几个方面：

1. 现金流量贴现模型

巴菲特认为，唯一正确的内在价值评估模型是1942年约翰·伯尔·威廉斯提出的现金流量贴现模型理论。

2. 正确的现金流量预测

巴菲特曾经告诫投资者："投资者应该明白会计上的每股收益只是判断企业内在价值的起点，而非终点。"在许多企业里，尤其是在那些有高资产利润比的企业里，通货膨胀使部分或全部利润徒有虚名。如果公司想维持其经济地位，就不能把这些"利润"作为股利派发。否则，企业就会在维持销量的能力、长期竞争地位和财务实力等一个或多个方面失去商业竞争的根基。因此，只有当投资者了解自由现金流时，会计上的利润在估值中才有意义。巴菲特指出，按照会计准则计算的现金流量并不能反映真实的长期自由现金流量，所有者收益才是计算自由现金流量的正确方法。所有者收益，包括报告收益，加上折旧费用、折耗费用、摊销费用和其他非现金费用，减去企业为维护其长期竞争地位和单位产量而用于厂房和设备的年平均资本性支出，等等。巴菲特提出的所有者收益，与现金流量表中根据会计准则计算的现金流量最大的不同是，它包括了企业为维护长期竞争优势地位的资本性支出。巴菲特提醒投资者，会计师的工作是记录，而不是估值，估值是投资者和经理人的工作。"会计数据当然是企业的语言，而且为任何评估企业价值并跟踪其发展的人提供了巨大的帮助。没有这些数字，查理和我就会迷失方向。对我们来说，它们永远是对我们自己的企业和其他企业进行估值的出发点，但是经理人和所有者要记住，会计数据仅仅有助于经营思考，而永远不能代替经营思考。"

3. 合适的贴现率

确定了公司未来的现金流量之后，接下来就是要选用相应的贴现率。让很多人感到惊奇的是，巴菲特所选用的贴现率，就是美国政府长期国债的利率或到期收益率，这是任何人都可以获得的无风险收益率。一些投资理论家认为，对股权现金流量进行贴现的贴现率，应该是无风险收益率（长期国债利率）加上股权投资风险补偿，这样才能反映公司未来现金流量的不确定性。但巴菲特从来不进行风险补偿，因为他尽量避免涉及风险。首先，巴菲特不购买有较高债务水平的公司股票，这样就明显减少了与之关联的财务风险。其次，巴菲特集中考虑利润稳定并且可预计的公司，这样，经营方面的风险即使不能完全消除，也可以大大减少。对此，他表示："我非常强调确定性。如果你这么做了，那么风险因子的问题就与你毫不相关了。只有在你不了解自己所做的事情的时候，才会有风险。"如果说公司的内在价值就是未来现金流量的贴现，那么恰当的贴现率究竟应该是多少呢？巴菲特选择了最简单的解决办法："无风险利率是多少？我们认为应以美国的长期国债利率为准。"基于以下三个方面的理由，巴菲特的选择是非常有效的：第一个方面，巴菲特把一切股票投资都放在与债券收益的相互关系之中。如果他在股票上无法得到超过债券的潜在收益率，那么他就会选择购买债券。因此，他的公司定价的第一层筛选方法就是，设定一个门槛收益率，即公司的权益投资收益率必须能够达到政府债券的收益率。第二个方面，巴菲特并没有花费过多的精力为他所研究的股票分别设定一个合适的、唯一的贴现率。每个企业的贴现率都是动态的，它们随着利率、利润估计、股票的稳定性以及公司财务结构的变化而不断变动。对一只股票的定价结果，与其做出分析时的各种条件密切相关。两天之后，可能就会出现新的情况，迫使一个分析家改变贴现率，并对公司做出不同的定价。为了避免不断地修改模型，巴菲特总是很严格地保持他的定价参数的一致性。第三个方面，如果一个企业没有任何商业风险，那么它的未来盈利就是完全可以预测的。在巴菲特眼里，可口可乐、吉列等优秀公司的股票就如同政府债券一样没有风险，所以应该采用一个与国债利率相同的贴现率。

4.经济商誉

事实上，根据债券价值评估模型进行企业股权价值评估时，企业的有形资产相当于债券的本金，未来的现金流量相当于债券的利息。和债券一样，本金在总价值中占的比例越大，受未来通货膨胀的影响就越大。现金流量越大，公司的价值越高。持续竞争优势越突出的企业，有形资产在价值创造中的作用越小，企业声誉、技术等无形资产的作用越大，超额回报率越高，经济商誉也就越庞大。因此，巴菲特选择的企业一般都拥有巨大的无形资产，而对有形资产需求却相对较小，能够产生远远超过产业平均水平的投资回报率。简而言之，巴菲特最喜欢的优秀企业的内在价值只有一小部分是有形资产，而其余大部分都是无形资产创造的超额盈利能力。

从长期来看，价格与价值之间存在着完美的对应关系。任何资产的价格最终都能找到其真实的内在价值基础。

一些重要的价值评估指标

当经理们想要向你解释清楚企业的实际情况时，可以通过会计报表来进行。但不幸的是，当他们想弄虚作假时，起码在一些行业，同样也能通过报表的规定来进行。如果你不能辨认出其中的差别，那么你就不必在资产管理行业中混下去了。

巴菲特说："会计师的工作是记录，而不是估值。估值是投资者和经理人的工作。"

相对价值评估方法和基于资产的评估方法都不适用于持续竞争优势企业的价值评估。

在对股票进行价值评估时，我们也可以利用其他重要的价值评估指标，基于资产的价值评估方法和相对价值评估方法。

基于资产的价值评估方法是根据公司资产的价值来确定公司股票的价值。常用的评估方法有账面价值调整法、清算价值法、重置成本法。

1.账面价值调整法

最为简单、直接的资产价值分析方法是根据公司提供的资产负债表中的账面价值进行估算。但账面价值法的一个明显的缺点是：资产负债表中的资产和负债的账面价值很有可能不等于它们的市场价值。

（1）通货膨胀使得一项资产当前的市场价值并不等于其历史成本价值减去折旧；

（2）技术进步使某些资产在其折旧期满或报废之前就贬值了；

（3）由于公司形成的组织能力对各项资产有效地合理组合，公司多种资产组合的整体价值会超过各项单独资产价值之和，而这种组织能力的价值在公司账面上并没有反映。

因此，在进行资产价值分析时，需要对账面价值进行调整，以反映公司资产的市场价值。常用的调整方法有清算价值法、重置成本法。

2. 清算价值法

清算价值法认为，公司价值等于公司对所有资产进行清算并偿还所有负债后的剩余价值。清算价值与公司作为持续经营实体的经营价值往往相差很大。如果公司处于衰退产业，公司盈利能力大幅度下滑，这时公司清算价值可能会大大高于公司经营价值。如果公司处于成长产业，公司盈利能力不断提高，这时公司清算价值可能会大大低于公司经营价值。

实际上，对于有活跃的二手市场的相应资产，清算变卖价格就等于二手市场价格。但大多数资产并没有相应的二手市场，只能由评估师进行估算，但估算并不容易。同时，清算价值法也忽略了组织能力，而且只有在破产等少数情况下，公司才会花费大量的时间和精力进行估算清算变卖价值。

3. 重置成本法

重置成本法是最常用的资产价值评估方法。将一项资产的盈利能力与其遥远的历史成本相联系很难，但与其当前的重置成本相联系却很容易。

确定重置成本的一种简单的、主要针对通货膨胀进行调整的方法，是选用一种价格指数，将资产购置年份的价值换算为当前的价值。但价格指数法并没有反映资产的过时贬值与资产价格的变化，所以更好的方法是，对资产进行逐项调整，同时反映通货膨胀和过时贬值这两个因素的影响，以确定各项资产真正的当前重置成本。

重置成本法的最大不足是忽略了组织能力。公司存在的根本原因是运用组织能力，按照一定的方式组合资产和人员，使公司整体的价值超过各项资产单独价值的总和。但重置成本法无论如何完美，也只能反映各项资产单独价值的总和，但忽略了公司组织能力的价值。

除了以上的基于资产的价值评估方法外，我们也可以利用相对价值评估方法。

相对价值评估方法是根据公司与其他"相似"公司进行比较来评估公司的价值。一般的方法是对公司的重要财务指标进行比较，常用的指标是市盈率、市净率、市销率等。

1. 市盈率

市盈率是指股票市价与公司每股收益的比率，常用的是股票市价与公司未来一年每股收益的比率。使用市盈率最简单的办法就是把它和一个基准进行比较，例如同行业中的其他公司、整个市场或者同一公司的不同时间点。一家公司以比它的同行低的市盈率交易可能是值得买的，但是记住，即使相同行业的公司也可能有不同的资本结构、风险水平和增长率，所有这些都影响市盈率。所以在其他因素相同的情况下，一个成长迅速、负债较少和再投资需求较低的公司，即便市盈率较高，也是值得投资的。

你也可以把一只股票的市盈率与整个市场的平均市盈率比较。你正在调查研究的公司也许比市场的平均水平增长更快（或者更慢），也许它更有风险（或者风险更低）。大体上，把一家公司的市盈率和同行业的公司或者与市场比较是有价值的，但是这些不是你可以依赖的最后决定买入或者卖出的方法。

把一只股票现在的市盈率和它的历史市盈率比较也是有用的，尤其对那些比较稳定的、业务没有经历大的变化的公司来说更是如此。如果你看到一家稳定的公司以大致相同的速度成长，同时和过去有大致一样的预期，但是它以一个比长期平均水平低的市盈率交易，你就可以开始关注它了。它有可能是风险水平或者业务前景发生了变化，这是导致低市盈率的正当理由，也可能是市场以一个非理性的低水平给股票标价导致的低市盈率。

市盈率的优点是相对于现金流来说，会计盈利能更好地取代销售收入的会计意义，而且它比账面价值更接近市场的数据。此外，每股盈利数据是相当容易取得的，从任何财务数据中都可以得到，所以市盈率是一个容易计算的比率。

市盈率也有一个很大的缺点，例如，市盈率20是好还是坏，难以回答，使用市盈率只能在一个相对基础上，这意味着你的分析可能被你使用的基准扭曲。

所以，我们要在一个绝对水平上考察市盈率。是什么导致一家公司更高的市盈率？因为风险、成长性和资本需求是决定一只股票市盈率的基础，具有较高的成长性的公司应该有一个更高的市盈率，高风险的公司应当有一个较低的市盈率，有更高资本需求的公司应当有一个较低的市盈率。

2. 市净率

市净率是指公司股票价格与每股平均权益账面价值的比率。这种投资理念认为固定的盈利或者现金流是短暂的，我们真正能指望的是公司当前有形资产的价值。巴菲特的导师格雷厄姆就是用账面价值和市净率对股票进行估值的著名的倡导者。

尽管市净率在今天还有某些效用，但是现在，很多公司通过无形资产创造价值，比如程序、品牌和数据库，这些资产的大部分不是立刻计入账面价值的。特别是对于服务性企业来说，市净率没有任何意义。例如，如果你用市净率去给 eBay 公司估值，你将无法按照极少的账面价值去评估公司的市场垄断地位，因为无形资产是导致该公司如此成功的最大的因素。市净率也可能导致你对一家像 3M 公司这样的制造业企业进行错误估值，因为 3M 公司的价值大部分都来源于它的品牌和创新的产品，而不是来自工厂的规模和存货的质量。

因此，当你考察市净率的时候，要知道它与净资产收益率相关。一家相对于同行或市场市净率低且有高净资产收益率的公司可能是一个潜在的便宜货，但是在你单独使用市净率给股票估值之前，还要做一些深度的挖掘工作。

但是，市净率在给金融性服务公司估值时是很好用的，因为大多数金融性公司的资产负债表上都有大量的流动性资产。金融性公司的好处是账面价值的资产是以市场价标价的，换句话说，就是它们每个季度都按照市场价格重新估值，这就意味着账面价值与实际价值相当接近。相反，一家工厂或者一块土地记录在资产负债表上的价值是公司支付的价格，这与资产的现值有很大的不同。

只要你确信公司的资产负债表上没有巨额的不良贷款，市净率就是一个筛选价值被低估的金融股的可靠路径。要牢牢记住金融类公司股票低于账面价值交易（市净率低于1）常常预示公司正在经历某种麻烦，所以在你投资之前要仔细研究这家公司的账面价值是否可靠。

3. 市销率

市销率是用现在的股票价格除以每股的销售收入。市销率反映的销售收入比财务报表中的盈利更真实，因为公司使用的会计伎俩通常是想方设法推高利润（公司可能使用会计伎俩推高销售收入，但如果使用频繁就容易被发现）。另外，销售收入不像利润那样不稳定，一次性的费用可能临时性压低利润，对处于经济周期底线的公司，一年到另一年中利润的这种变化可能非常显著。

通过把当前市销率与历史市销率比较，变化较小的销售收入使市销率在相对利润变化较大的公司进行快速估值方面变得更有价值。对于含金量不一的利润指标的评估，市盈率不能给我们很多帮助。但是在相同的时间段，销售收入没有如此多的变化，市销率就派上用场了。

市销率有一个大的缺点，那就是销售收入的价值可能很小也可能很大，这取决于公司的盈利能力。如果一家公司披露有数十亿美元的销售收入，但每一笔交易都亏损，我们盯住股票的市销率就会比较困难，因为我们对公司将产生什么水平的收益并没有概念。这是每天使用销售收入作为市场价值的代替的缺陷。

一些零售商是典型的毛利率较低的公司，也就是说它们只把每一美元的销售收入中一个很小的比例转化成利润，市销率很低。例如，一家一般水平的杂货店在 2003 年中期的市销率大约是 0.4，然而一个平均水平的医疗器材公司的市销率大约在 43。造成这种巨大差别的原因不是杂货店毫无价值，而是因为一般水平的杂货店只有2.5%的销售净利率，而一般水平的医疗器材公司的销售净利率在11%左右。一家杂货店的市销率如果达到10，那一定是被可笑地高估了，但一家医疗器材制造商有同样的市销率将被认为是一只绝对便宜的股票。

尽管市销率在你研究一家利润变化较大的公司时可能是有用的，因为你可以比较当前市销率和历史市销率，但它不是你能够依赖的指标。尤其不要比较不同行业公司的市销率数据，除非这两个行业有水平非常相似的盈利能力。

总之，资产价值评估方法和相对价值评估方法都不适用于持续竞争的优势企业，这是因为，持续竞争的优势企业的根本特征是，以较少的资产创造更多的价值，其资产价值往往大大低于公司作为持续经营实体的经营价值；另外，持续竞争的优势企业除了账面上反映的有形资产外，其品牌、声誉、管理能力、销售网络、核心技术等重要的无形资产根本不在账面上反映，所以也很难根据重置成本或清算价值进行评估。

第二章

巴菲特的集中投资策略

>>>>>

/ 第一节
最高规则聚集于市场之中

让"市场先生"为你所用

在今天看来,"市场先生"的寓言已经过时了,但是目前市场上仍然有大多数职业选手和学术人士在谈论有效的市场、动态套期保值和估值。他们对这些事情相当地感兴趣,是因为裹着神秘面纱的投资技巧显然对投资建议提供者有利。然而对于那些喜欢听取投资建议的投资者来说,市场秘籍的价值却是另外一回事。对一家企业进行良好的判断,将思想和行为同围绕在市场中的极易传染的情绪隔绝开来,就会让一个投资者成功。务必记住的准则是:"市场先生"是为你服务的,不要把其当成你的向导。

股市由几千万股民构成,在这场竞局中,自己账户之外的每一个人都是自己的对手。面对如此众多的对手,自己未免拔剑四顾心茫然,故必须对股市竞争的局面进行简化,把多方竞局简化为少数的几方。

"股神"沃伦·巴菲特曾经举过一个"市场先生"的例子:设想你在与一个叫"市场先生"的人进行股票交易,每天"市场先生"一定会提出一个他乐意购买你的股票或将他的股票卖给你的价格。"市场先生"的情绪很不稳定，因此，在有些日子"市场先生"很快活，只看到眼前美好的景象，这时他就会报出很高的价格。其他日子，"市场先生"却相当懊丧，只看到眼前的困难，报出的价格很低。另外"市场先生"还有一个可爱的特点，就是他不介意被人冷落，如果他所说的话被人忽略了，他明天还会回来同时提出他的新报价。"市场先生"对我们有用的是他口袋中的报价，而不是他的智慧。如果"市场先生"看起来不太正常，你就可以忽视他或者利用他这个弱点，但是如果你完全被他控制，后果将不堪设想。

虽然沃伦·巴菲特是以投资著称于世的，但他实际上是一个深谙股市博弈之道的人，他很清晰地阐述了按博弈观点考虑问题的思路。他的模型把股市竞局简化到了最简单的程度——一场他和"市场先生"两个人之间的博弈。局面非常简单，巴菲特要想赢，就要想办法让"市场先生"输。那么巴菲特是怎样令"市场先生"输的呢？他先摸透了"市场先生"的脾气，他知道"市场先生"的情绪不稳定，他会在情绪的左右下做出很多错误的事，这些错误是可以预期的，它们必然会发生，因为这是由"市场先生"的性格所决定的。巴菲特在一边冷静地看着"市场先生"表演，等着他犯错误，由于他知道"市场先生"一定会犯错误，所以他很有耐心地等待着，就像我们知道天气变好后飞机就会起飞，于是我们可以一边看书一边喝着咖啡在机场耐心地等待。所以，巴菲特战胜"市场先生"靠的是洞悉"市场先生"的性格弱点。所谓"市场先生"，就是除自己之外，所有股民的总和。巴菲特洞悉了"市场先生"的弱点，其实也就是洞悉了股民的弱点。

在巴菲特面前，"市场先生"就像个蹩脚的滑稽演员，徒劳地使出一个又一个噱头，却引不起观众的笑声，帽子举在空中不仅没有收到钱，反倒连帽子也被抢走了。但"市场先生"绝非蹩脚的演员，他的这些表演并非无的放矢，其实这正是他战胜对手的手段。"市场先生"战胜对手的办法是感染。因为巴菲特过于冷静，所以"市场先生"的表演在他面前无效，反倒在表演过程中把弱点暴露给了他。但对别的股民来说，"市场先生"的这一手是非常厉害的，多数人都会不自觉地受到它的感染而变得比"市场先生"更情绪化。这样一来，主动权就跑到了"市场先生"手里，输家就不再是"市场先生"了。这就是"市场先生"的策略。

"市场先生"的策略是有一定冒险性的，因为要想感染别人，自己首先必须被感染，要想让别人疯狂起来，自己首先必须疯狂起来，这是一切感染力的作用规律，所以"市场先生"的表现必然是情绪化的。那些受到感染而情绪化操作的人就被"市场先生"战胜了。反之，如果不被他感染，则他为了感染你而做的一切努力都是一些愚蠢行为，正可以被你利用。打一个比喻："市场先生"之于投资人正如魔之考验修行人一样，被它所动则败，任它千般变化不为所动则它能奈我何。

"市场先生"的弱点是很明显的，每个人都可以很容易地利用这一点来战胜他。但另一方面，"市场先生"正是市场中所有股民行为的平均值，他性格不稳定是因为市场中很多股民的行为更为情绪化，更为不稳定。"市场先生"会不厌其烦地使出各种手段，直至找到足够多的牺牲者为止，所以大多数人都将成为"市场先生"的牺牲者，能战胜"市场先生"的永远只有少数人。只有那些极为冷静，在"市场先生"的反复诱骗下不为所动的人，才能利用"市场先生"的弱点战胜他。那些不幸受到"市场先生"的感染而情绪更不稳定的人，就会反过来被"市场先生"所战胜。所以，股民战胜"市场先生"的本钱是理智和冷静，"市场先生"战胜股民的本钱是人们内心深处的非理性。"市场先生"的策略是设法诱导出这种非理性，诱导的办法就是用自己的情绪感染别人的情绪，用自己的非理性行为诱导出别人更大的非理性行为。如不成功就反复诱导，直到有足够多的人着道为止。

以上讨论对指导操作是很有启发意义的。首先，"市场先生"要想让你发疯，自己必须先发疯。由于"市场先生"想战胜你，所以他必然会先发疯，否则他就无法战胜你。所以"市场先生"的发疯是可以预期的，耐心地等待，必然可以等到。只要能保持冷静，不跟着他发疯，就必然可以战胜他。

其次，和"市场先生"交易重要的不是看他所出的价格，而是要注意他的情绪，看着他的情绪进行买卖。当"市场先生"的情绪不好时就买入，当"市场先生"的情绪好时就卖给他，而不用管"市场先生"的报价到底是多少。考虑"市场先生"报价的意义也仅仅是为了通过价钱从另一个角度来观察"市场先生"的情绪，当他报价过低时说明他的情绪不好，当他报价过高时说明他处于乐观状态。如果能有一把客观的尺度来判断"市场先生"的报价是否过低或过高，则这种方法就可以使用，否则如果没有这种客观尺度，那么看"市场先生"的报价是没有意义的，不能从中引申出对"市场先生"的情绪的判断。巴菲特掌握了一套判断股票价值的方法，从而有了一个客观的尺度来判断"市场先生"的报价是否过高或过低。股票技术分析方法则是直接通过交易情况来判断"市场先生"的情绪。不管是用基本面分析还是用技术分析，正确地判断"市场先生"的情绪的前提都是自己必须保持冷静。

按这种思路，巴菲特赢了"市场先生"，赢的依据在于"市场先生"的情绪不稳定，而巴菲特掌握了判断"市场先生"的情绪的方法，赢得明明白白。

反其道而行，战胜市场

反向操作并不是单纯地机械式的逆势而为，为反对而反对比盲目跟风的风险更大。股票市场对于公司股价判断正确与否的概率几乎是一样的，因此投资人唯一能与市场大众反向操作的状况应为：股票市场对于事件的心理反应似乎已到了疯狂的地步；对于公司财务资料的分析大家都错了。尤其需要注意的是，当缺乏足够的论据支持自己的反向操作观点时，千万不要与市场对立。

1988 年，巴菲特在致股东的信里说："当看到 1988 年很丰硕的套利成果后，你可能会认为我们应该继续努力以获得更丰厚的回报，但实际上我们采取的态度就是继续观望。

"然而，我们决定在长期期权方面的投资要大幅提高的理由是：目前的现金水位已经下降，如果你经常读我们的年报，那么我们的决定并不是基于短期股市的表现，我们更注重的是对个别企业的长期的经济展望，我们从来没有并且以后也不会对短期股市、利率或企业活动做任何评论。"

巴菲特认为，反其道而行，即反向投资策略，是我们回避市场风险，保证投资获利的关键。

所谓反向投资策略，就是当大多数人不投资时，投资；当大多数人都急于投资时，卖出。反向策略的观念非常简单，只要能做到"人弃我取，人舍我予"就行了。但要实践反向策略，必须克服人性的弱点，要能做到不从众，能够独立判断，耐得住寂寞，才能制胜。大部分投资人都是在周遭亲友一致认同的情况下，才开始投资；而炒股高手正好相反，在知道大部分亲友都担心恐惧时，才开始考虑投资。反向策略者相信当大众对未来的看法趋于一致时，大部分时候是错的，同时反转的力量会很大。

反向投资策略为何如此有效？理由很简单，如果市场中大多数的人都认为价格会继续上涨，此时进场投资的人及资金早已因为一致看好而大量买进，所以价格通常因大量买超而产生超涨的景象。又由于该进场的人与资金都已经在市场内了，于是市场外能推动价格上涨的资金所剩无几，且市场中的每个人皆准备伺机卖出，导致整个证券市场的潜在供给大于需求，因此只要有任何不利的因素出现，价格就会急速下跌。反之，如果市场中大多数人都认为价格会继续下跌，此时该卖的人早已因为一致看坏而大量卖出，所以价格通常因大量卖超而产生超跌现象。又由于该卖的人都已经不在市场内了，于是市场内想卖出的浮动筹码已少之又少，所以卖压很少，且市场外的每个人皆准备逢低买进，导致整个证券市场潜在的需求大于供给，因此只要有任何有利的因素出现，价格就会急速上涨。

那么我们该如何衡量大多数人的判断思维呢？一般说来，如果股市处于上升的高速阶段，此时几乎每个人都赚得盘满钵溢，大多数股民都会兴高采烈，忘乎所以。此时的媒体、股评人更加激动，大肆渲染多头市场的发展趋势，为股民描绘一个又一个创新高的点位。外场的资金也经不起诱惑而积极加入炒股大军，大有全民炒股的态势。这时就可以判断大多数人的思维处于什么态势。如果用反向投资策略，此时更要做到"众人皆醉我独醒，众人皆炒我走人"。如果股市处于下跌的高速阶段，此时几乎每个人的股票账户上的资金，转瞬之间就烟消云散，严重套牢了，大多数股民垂头丧气，万念俱灰。此时的媒体、股评人更加悲观，大肆渲染空头市场可怕的发展趋势，为股民描绘一个又一个创新低的点位。证券营业部门口的自行车也明显减少。入场的资金和盈利的资金纷纷撤离，大有全民空仓的态势。这时就可以判断大多数人的思维处于什么态势。如果运用反向投资策略，此时就要做到"众人皆醉我独醒，众人皆空我做多"。

例如，1996年10月到12月初，1997年2月到5月，沪深股市开始猛涨，当时几乎每个人都赚得盘满钵溢，有人甚至提出"不怕套，套不怕，怕不套"的多头口号。管理层当时接连发了十几个利空政策，但是大多数股民不听，结果后来被套得很惨。2001年6月14日，沪指创新高2245点后，媒体、股评人更加激动，大肆渲染多头市场的发展趋势，为股民描绘一个又一个创新高的点位，2500点、3000点……大多数股民处于多头思维中。这时如果用反向投资策略，就要"众人皆炒我走人"，不玩了。

又如，2001年7月后，股市处于下跌的高速阶段，此时严重套牢的大多数股民垂头丧气，万念俱灰。而媒体、股评人更加悲观，大肆渲染空头市场可怕的创新低的点位，有人甚至提出沪指要跌到 800 点、400 点。资金纷纷撤离观望。这时就可以判断大多数人的思维处于空头悲观态势。如果用反向投资策略指导行动，就应在适当时机入市，完全可以在 2001 年 10 月、2002 年 6 月和 2006 年打一个漂亮的反弹仗和反转仗。

正确掌握市场的价值规律

短期内的股价波动对价值投资者来说毫无意义，因为价值规律告诉我们，价格总有一天是会向其价值回归的。这种价值回归具有相对滞后性，正便于投资者从容决策。

巴菲特说："最近 10 年来，实在很难找得到能够同时符合我们关于价格与价值比较的标准的权益投资目标。尽管我们发现什么事都不做，才是最困难的一件事，但我们还是尽量避免降格以求。"

巴菲特认为，"市场先生"在报出股票交易价格时，最终是遵循价值规律的。道理很简单：价值规律是商品经济的基本规律，而股市是商品经济的产物，所以理所当然要遵循价值规律。

价值规律的基本原理是：商品的价值是由生产商品的社会必要劳动时间决定的，商品交换要根据商品的价值量来进行。

价值规律的表现形式是：在商品交换的过程中，受供求关系影响，价格围绕价值上下波动。从短期看，价格经常背离价值；从长期看，价格一定会向价值回归。

当 1929 年美国股市面临市场崩盘的威胁时，美国国会特地请来了一些专家召开意见听证会。巴菲特的老师格雷厄姆作为当时华尔街上最著名的投资大师，也参加了这次听证会。

会上，美国参议院银行业的委员会主席问格雷厄姆，假如存在这样一种情形：你发现某种商品的价值达 30 美元，而现在你只要用 10 美元就能买得到；并且又假如你已经买下了一些这样的商品，那么显而易见，这种商品的价值只有当得到别人认可时，也就是说，只有当有人愿意以 30 美元的价格从你的手里买回去时，你才能实现其中的利润。把这个例子用在股票上，你有什么办法能够使一种廉价的股票最终发现自己的价值呢？

格雷厄姆回答说："这个问题正是我们这个行业的神秘之处。但经验告诉我们，市场最终会使股价达到它的价值。也就是说，目前这只价格很低的股票，将来总有一天会实现它的价值。"

格雷厄姆认为，影响股票价格有两个最重要的因素：一是企业的内在价值，二是市场投机。正是这两者交互作用，才使得股价围绕着企业的内在价值上下波动。也就是说，价值因素只能在一定程度上影响股票价格，股票价格偏离内在价值的事情是经常发生的，也是丝毫不奇怪的。

读者是否还记得，1969 年巴菲特认为当时的美国股市已经处于高度投机状态，真正的市场价值分析原理在投资分析和决策中所起的作用越来越小，于是解散了合伙企业巴菲特有限公司，并且对公司资产进行了彻底清算，对公司持有的伯克希尔股票按投资比例进行了分配。

遵照格雷厄姆的教诲，巴菲特和他的合作伙伴芒格，把衡量伯克希尔公司可流通股票价值大小的标准，确定为在一个相当长的时期内的股票价格表现，而不是看每天甚至每年的股票价格变化。

因为他们相信，股市可能会在一段时期内忽视企业的成功，但最终一定会用股价来反映这种成功。只要公司的内在价值以令人满意的速度增长，那么，公司的成功究竟在什么时候被市场普遍认可，就不是一件非常重要的事了。

相反，这种市场共识相对滞后，对投资者来说很可能是一件好事——它会带来许多机会，让你以便宜的价格买到更多的好股票。

如何从通货膨胀中获利

投资者应该清楚的是，对于具有长期发展规律的商业企业来说，有形资产越小，无形资产越大，越是能够抗拒这种通货膨胀的状况。

巴菲特善于选择那些可以用较小的净有形资产却能创造较高获利的公司，正因具备这样的优势，即使受到通货膨胀的影响，市场上仍允许时思公司拥有较高的本益比。通货膨胀虽然会给许多企业带来伤害，但是那些具备消费独占性的公司却不会受到损害，相反，还能从中受益。

1983 年，巴菲特在致股东的信里写道："多年以来，积累的经验告诉我们，我们拥有的资源和设备厂房等有形资产的企业对于抵抗通货膨胀来说是比较有优势的，但事实上却并非如此，拥有丰富资产的企业往往没有很高的报酬率，有时甚至低到因通货膨胀引起的需要增加的额外的投资都不够，更不用说，把企业的继续成长和分配盈余分给股东或是其他购并新企业了。

"但是，对于部分拥有无形资产多于有形资产的企业来说，通货膨胀一旦发生，便会积累出让人吃惊的财富。对于这类公司来说，商誉的获利能力大大地增加了，然后再动用盈余进行大举购并。从通信行业来看，这种现象是很明显的。这样的企业并不需要投入过多的有形资产，企业可以一直处于成长的状态。在通货膨胀来临的年代，商誉就像是天上掉下来的大礼物一样。"

巴菲特讲的这些话是对"商誉"的辅助性的解读，同时他的企业帝国也是在他的这种思想下收购来的，这也是他私房钱的来源。

1972 年，巴菲特买下了一家普通的糖果公司时思，当时该公司仅依靠 800 万美元的净资产就能每年获得 200 万美元的盈余。但是如果假设另外一家普通的公司，同样每年能够赚得 200 万美元的利润的话，这就必须需要靠 1800 万美元的净资产来创造出这个数字。然而，这家公司的净资产报酬率却只有 11%。

如果这样的公司要出售的话，最大的可能就是以价值 1800 万美元的净资产的价值将该公司卖掉，但是巴菲特做出的决定却是支付 2500 万美元去买下具有同样获利能力的时思。这是为什么呢？

巴菲特是将通货膨胀的因素考虑进去了，设想一下，如果物价暴涨一倍的话，如果这两家企业都要在通货膨胀的情况下赚到 400 万美元以维持原来的获利能力的话，这也许并不是困难的事，只要在维持现有销售数量的情况下，将价格提高一倍，只要毛利率维持不变，那么获利能力自然会增加。

/ 第二节
被华尔街忽视但最有效的集中投资

精心选股，集中投资

怎样才能做到集中投资？问题的关键是投资者要把购买该股票当作是收购该企业一样来看待。功夫要花在对该公司的考察以及内在价值的评估上，而不是频繁进出。

1984年，巴菲特在给股东的信中说："以我们的财务实力，我们可以买下少数我们想要买的并且价格合理的股票。比尔·罗斯形容过度分散投资的麻烦：如果你有40位妻妾，你一定没有办法对每一个女人都认识透彻。从长期来看，我们集中持股的策略最终会显示出它的优势，虽然多少会受到规模太大的拖累，就算在某一年度表现得特别糟，至少还能够庆幸我们投入的资金比大家要多。"

他认为多元化是针对无知的一种保护。它不仅不会降低你的投资风险，反而会分摊你的投资利润，集中投资反而可以帮助我们集中收益。

当然，集中投资的前提是精心选股。一般说来，应集中投资于下述三种股票：

1. 集中投资于最优秀的公司

"作为投资者，我们都想投资于那些业务清晰易懂、业绩持续优异、由能力非凡并且为股东着想的管理层来经营的优秀公司。这种目标公司并不能充分保证我们投资盈利：我们不仅要在合理的价格上买入，而且我们买入的公司的未来业绩还要与我们的估计相符。但是，这种投资方法——寻找超级明星——给我们提供了走向真正成功的唯一机会。"

"如果你是一位学有专长的投资者，能够了解企业的经济状况，并能够发现5～10家具有长期竞争优势的价格合理的公司，那么传统的分散投资对你来说就毫无意义，那样做反而会损害你的投资成果并增加投资风险。我们不明白的是，为什么那些分散投资的信奉者会选择一些在他喜欢的公司中名列前20位的公司来进行投资，而不是很简单地只投资于他最喜欢的公司——他最了解、风险最小并且利润潜力最大的公司。"

"其实作为投资者，我们的收益来自一群由企业经理人组成的超级团队的努力，他们管理的公司虽然经营着十分普通的业务，但是却取得了非同寻常的业绩，我们集中投资所要寻求的就是这类优秀的公司。"

2. 集中投资于你熟悉的公司

投资者为了真正规避风险，在投资时必须遵循一个能力圈原则。你并不需要成为一个通晓每一家或者许多家公司的专家，你只需要能够评估在你能力圈范围之内的几家公司就足够了。能力圈的大小并不重要，重要的是你要非常清楚自己能力圈的边界。

作为一名投资者，你的目标应当仅仅是以理性的价格买入你很容易就能够了解其业务的一家公司的部分股权，而且你可以确定在从现在开始的5年、10年、20年内，这家公司的收益肯定可以大幅度增长。在相当长的时间里，你会发现仅仅有几家公司符合这些标准，所以，一旦你看到一家符合以上标准的公司，你就应当买进相当数量的股票。

我们的策略是集中投资。我们应尽量避免当我们只是对企业或其股价略有兴趣时，这种股票买一点、那种股票买一点的分散投资做法。当我们确信这家公司的股票具有投资吸引力时，我们同时也相信这只股票值得大规模投资。

"只有很少的公司是我们非常确信值得长期投资的。当我们找到这样的公司时，我们就应该持有相当大的份额，集中投资。"

"当我们认为我们已经认真研究而且可以在有吸引力的价位上买入时，以我们的财务实力，我们能够在这少数几只股票上大规模投资。长期来说，我们集中持股的政策肯定会产生卓越的投资回报，尽管多少会受到伯克希尔公司规模太大的拖累。"

3. 集中投资于风险最小的公司

巴菲特之所以采用集中投资策略，是因为集中投资于投资者非常了解的优秀企业股票，投资风险远远小于分散投资于许多投资者根本不太了解的企业股票。

"在股票投资中，我们期望每一笔投资都能够有理想的回报，因此我们将资金集中投资在少数几家财务稳健、具有强大竞争优势，并由能力非凡、诚实可信的经理人所管理的公司股票上。如果我们以合理的价格买进这类公司，投资损失发生的概率通常非常小，在我们管理伯克希尔公司股票投资的38年间（扣除通用再保与政府雇员保险公司的投资），股票投资获利与投资亏损的比例大约为 100 ∶ 1。"

集中投资，快而准

在某种程度上，集中投资是对投资不确定性的一种回避，使投资尽量具有确定性后再投资，这在客观上存在一定难度。集中投资具有将更大比例甚至全部比例的资金筹码投资于高概率的收益品种上的特点。在集中投资前，精密仔细地分析研究和把握是必需的。在投资的过程中个人投资者需要做到富有耐心、客观地、仔细地分析以应对股市不可预测的风险。

巴菲特认为既然集中投资是市场赋予个人投资者的一个优势，那么个人投资者更应该利用这个优势。事实上，集中投资这种方法尽管是一种快而准的投资方式，但长期被市场投资者所忽略。我们身边的不少个人投资者，10 万元资金拥有 5 只以上股票的人不在少数，而这些人绝大部分是赔钱的。其实在现在的市场规模和流动性中，就算是 1000 万的资金拥有一只股票也未尝不可，作为个人投资者需要重视的是投资背后的功夫。

美国投资大师林奇在《战胜华尔街》中就表达过类似的观点："在众多的股票中找到几个十年不遇的大赢家才是你真正需要做的。如果你有 10 只股票，其中 3 只是大赢家，一两只赔钱，余下 6 ~ 7 只表现一般，你就能赚大钱。如果你能找到几个翻 3 倍的赢家，你就不会缺钱花，不管你同时选了多少赔钱的股票。如果你懂得如何了解公司的发展状况，你就会把更多的钱投入到成功的公司中去。你也不需要经常把钱翻3倍，只需一生中抓住几次翻3倍的机会，就会建立相当可观的财富。假若你开始投资时用1万美元，然后有5次机会翻3倍，你就可以得到240万美元；如果有10次翻3倍的机会，你的钱就变成了5.9亿美元。"

巴菲特说："不要把鸡蛋放在一个篮子里，这种做法是错误的，投资应该像马克·吐温那样，把所有鸡蛋放在同一个篮子里，然后小心地看好这个篮子。我们的投资集中在少数几家杰出的公司上。我们是集中投资者。"选股不在多，而在于精。我们常说"精选"，就意味着少选，精在于少，而不在于多。巴菲特告诉我们，选择越少，反而越好。

巴菲特认为，我们在选股时态度要非常慎重，标准要非常严格，把选择的数量限制在少数股票上，这样反而更容易做出正确的投资决策，更容易取得较好的投资业绩。1977～2004年这27年间，巴菲特研究分析了美国上市的1万多只股票，却只选了22只，1年多才选1只，而其中重仓股只有7只，4年左右才选出一只重仓股。巴菲特按照严格标准选出这7只股票，做出投资决策反而很容易，其中包括可口可乐、吉列、《华盛顿邮报》，这些都是我们非常熟悉、众所周知的好公司。

在巴菲特的股票投资中，他选的7只超级明星股，只投资了40多亿美元，就赚了280多亿美元，占了他股票投资总盈利的9成左右。可见，1只优质股胜过100只甚至1000只垃圾股。

巴菲特说："对于每一笔投资，你都应该有勇气和信心将你净资产的 10% 以上投入此股。"可见，巴菲特认为同时持有 10 只股票就够了。巴菲特的投资业绩远远超过市场的平均水平也正得益于此。事实上，很多年份巴菲特重仓持有的股票不到 10 只。他集中投资的股票数目平均只有 8.4 只左右，而这几只股票的市值占整个投资组合的比重平均为 91.54%。

对中小股民来说，集中投资是一种快而准的投资方式。因为个人投资相对于机构投资者在集中投资上更有优势。机构投资者即便再集中，政策确定、回避风险和其他基金的竞争不可能使其资金过分地集中在几只股票上，个人的特征也决定了进行集中投资是快而准的。

集中投资，关注长期收益率

持续的"一夜情"，注定只能产生两个结果，患上艾滋病或者严重的心理疾病，绝没有人靠它获得长久的幸福。投资也是一样，假如你一年要买卖股票几十次，除非你比巴菲特和凯恩斯都聪明。投资者最忌讳的是游击战术，打一枪换一个地方的投资者，只能算是投机者。事实上，没有几个投机者能不败下阵来。为了不在股市血本无归，我们需要进行集中投资。

巴菲特说："我们宁愿要波浪起伏的 15% 的回报率，也不要四平八稳的 12% 的回报率。"

上面虽然只是巴菲特简短的一句话，但是实际上他强调的就是集中投资的重要性，采用集中的持续竞争优势价值策略就有了一定的竞争优势。既然集中投资既能降低风险，又能提高回报，那么短期的业绩波动大些又何妨？国外许多价值投资大师都以他们出众的投资业绩证明了集中投资可以取得较高的长期收益率。

以凯恩斯管理的切斯特基金为例来说，1928～1945年的18年间，年平均投资回报率以标准差计算的波动率为29.2%，相当于英国股市波动率12.4%的2.8倍，但其18年中年平均回报率为13.2%，而英国股市年平均回报率只有0.5%。

又如，查理·芒格管理其合伙公司时，将投资仅集中于少数几只证券上，其投资波动率非常巨大。1962～1975年的14年间，年平均投资回报率以标准差计算的波动率为33%，接近于同期道琼斯工业平均指数波动率18.5%的2倍。其14年间的平均回报率相当于道琼斯工业平均指数平均回报率6.4%的4倍，达到24.3%。

再如，比尔·罗纳管理的红杉基金采用高度集中的投资策略，每年平均拥有6～10家公司的股票，这些股票约占总投资的90%以上，其投资波动率非常大。1972～1997年的26年间，年平均投资回报率以标准差计算的波动率为20.6%，高于同期标准普尔500指数波动率16.4%的4个百分点。但其14年的年平均回报率为19.6%，超过标准普尔500指数年平均回报率14.5%。1987～1996年，巴菲特管理的伯克希尔公司的主要股票的投资平均年收益率为29.4%，比同期标准普尔500指数平均年收益率18.9%高出5.5%。

如果巴菲特没有将大部分资金集中在可口可乐等几只股票上，而是将资金平均分配在每只股票上，那么同等加权平均收益率将为

27%，比集中投资 29.4% 的收益率要降低 2.4%，其相对于标准普尔 500 指数的优势减少了近 44%。如果巴菲特不进行集中投资，而采用流行的分散投资策略，持有包括 50 种股票在内的多元化股票组合，那么即便假设伯克希尔公司持有的每种股票占 2% 权重，其分散投资的加权收益率也仅有 20.1%。

还有，"股神"巴菲特管理的伯克希尔公司在过去的 41 年（至 2006 年）来，也就是巴菲特从 1965 年接手之后，伯克希尔公司每股净值由当初的 19 美元增长到现在的 50498 美元。第二次世界大战后，美国主要股票的年均收益率在 10% 左右，巴菲特却达到了 22.2% 的水平。由于伯克希尔公司以上收益中同时包括了股票投资、债券投资和企业购并等，所以并不能直接反映巴菲特股票投资的真实的收益水平。

准确评估风险，发挥集中投资的威力

采取集中投资战略是防止我们陷入传统的分散投资教条。许多人可能会因此说这种策略一定比组合投资战略的风险大。这个观点并不十分正确。投资者应该相信，集中投资策略使投资者在买入股票前既要进一步提高考察公司经营状况时的审慎程度，又要提高对公司经济特征满意程度的要求标准，因而更可能降低投资风险。在阐明这种观点时，我们可以将风险定义为损失或损害的可能性。

巴菲特在 1996 年伯克希尔公司的年报中讲道："我们坚信，计算机模型预测的精确性也不过是臆断和毫无根据的猜测。事实上，这种模型很有可能会诱使决策者做出完全错误的决定。在保险和投资领域，我们曾经目睹过很多类似原因造成的灾难性结果。所谓的'组合保险'在1987年市场崩溃期间带来的破坏性结果，让一些笃信计算机预测的人大跌眼镜，到那时，他们才真正意识到，应该把这些计算机扔到窗外。"

巴菲特认为确定风险不是通过价格波动，而是通过公司的价值变动。所谓风险是指价值损失的可能性而不是价格的相对波动性。集中投资于被市场低估的优秀公司比分散投资于一般公司更能够降低真正的投资风险。

据《中国证券报》报道，2006年12月，深圳万科的有限售条件的股份可以在二级市场上进行交易，这个消息对于万科最大的个人股东王先生来说是一个里程碑式的好消息。他所持有的万科公司的股票可以上市流通了。

其实，王先生当初持有万科股票，是基于对公司管理层的信任，1988年末，万科正式向社会发行股票，由于一个外商临时变卦，在紧急时刻王先生投资400万元认购了360万股。在公司发展的快速扩张时期，他也积极参与项目的判断并给出自己的建议。

基于对万科公司的了解和信任，王先生开始集中投资于万科公司，1988年持有万科股票360万股，1992年王先生持有万科股票370.76万股，以后通过送股和配股以及二级市场的增持，1993年拥有503.29万股，1995年的股数为767万股，2004年为3767.94万股，2006年为5827.63万股。前后18年，王先生总共用400万元集中持有了万科的5827.63万股非流通股，这些股的回报率达到了 176 倍。2007 年 3 月，回报率更是达到了 300 倍左右。

可以说，深圳万科的个人投资者王先生通过集中长期持有万科公司的股票获得了巨大的收益。由此看来，集中投资虽不能让我们在短期内获得暴利。但是从长期来看，其所带来的总回报率是远远超过市场的平均水平的。所以，集中投资需要我们有长远的眼光，关注长期的收益率，而不要过分迷恋短期的收益。

在赢的概率最高时下大赌注

不是每个投资者都可以准确地计算出自己的概率，也并不是让每个投资者都努力成为桥牌高手。虽然巴菲特借助打桥牌来计算成功的概率并不合适每个人，但是我们可以从中学习他的这种思维模式，时刻保持对股市全局的审视。先判断什么是理性的事情，然后再权衡输与赢的比率。

巴菲特说："集中投资要求我们集中资本投资于少数优秀的股票。在应用中最关键的环节是估计赢的概率及决策集中投资的比例，其秘诀就是在赢的概率最高时下大赌注。"

巴菲特所谓的赢的概率，其实是对所投资的企业价值评估的准确概率，而估值的准确性又取决于对企业未来长期的持续竞争优势进行预测的准确概率。

估计成功的概率与我们在数学中学习的概率计算有很大的不同。传统的概率计算以大量的统计数据为基础，根据大量重复性试验中事件发生的频率进行概率计算。但是，我们投资的企业永远面临着与过去不同的竞争环境、竞争对手及竞争对手的竞争手段，甚至我们投资的企业自身都在不断地变化，一切都是不确定的，一切也都是不可重复。所以，我们根本无法计算企业竞争成功的频率分布，也根本无法估计成功的概率是多少。

但是为了保证投资获利，我们又必须估计成功的概率。一个有些类似的例子是足球彩票竞猜。每一次曼联队面临的对手可能都是不同的球队，即使是相同的球队，其队员和教练也可能有了许多变化，曼联队自身的队员及其状态也有许多变化，同时双方队员当天比赛的状态和过去绝不会完全相同，队员之间的配合也会和过去有很大的不同。那么，曼联队今天会输还是会赢呢？不管我们有多么庞大的历史数据库，也根本找不到与今天比赛完全相同的、完全可重复的历史比赛数据来进行概率估计。由此，我们唯一可做的便是进行主观的概率估计。

虽然主观评估赢的概率没有固定的模式可依据，但我们可以借鉴"股神"巴菲特的成功经验——他是用打桥牌的方法来估计成功概率的。

巴菲特一星期大约打 12 小时的桥牌。他经常说："如果一个监狱的房间里有 3 个会打桥牌的人的话，我不介意永远坐牢。"他的牌友霍兰认为巴菲特的牌技非常出色："如果巴菲特有足够的时间打桥牌的话，他将会成为全美国最优秀的桥牌选手之一。"其实打桥牌与股票投资的策略有很多相似之处。巴菲特认为："打牌的方法与投资策略是很相似的，因为你要尽可能多的收集信息，接下来，随着事态的发展，在原来信息的基础上，不断添加新的信息。

不论什么事情，只要根据当时你所收集到的信息，你认为自己有可能成功的机会，就去做它。但是，当你获得新的信息后，你应该随时调整你的行为方式或你的做事方法。"

伟大的桥牌选手与伟大的证券分析师，都具有非常敏锐的直觉和判断能力，他们都在计算着胜算的概率。他们都是基于一些无形的、难以捉摸的因素做出决策。巴菲特谈到桥牌时说："这是锻炼大脑的最好方式。因为每隔 10 分钟，你就得重新审视一下局势……在股票市场上的决策不是基于市场上的局势，而是基于你认为理性的事情上……桥牌就好像是在权衡赢的或损失的概率。你每时每刻都在做着这种计算。"

确定集中投资的目标企业

对于投资者而言，你的投资目标应该仅仅是用合理的价格去购买一些业务容易理解的公司。你同样要确定在以后的 5 年、10 年，甚至 20 年内，这家公司的收益肯定能够有大幅度的增长。在相当长的时间内，你就会知道只有少数几家公司符合你的这些要求，所以一旦你看到符合你的标准的公司，你就应该毫不犹豫地大量持有该公司的股票。

巴菲特认为必须集中投资于投资人能力圈范围之内、业务简单且稳定、未来的现金流能够可靠地预测的优秀企业："我们努力固守于我们相信我们可以了解的公司。这意味着它们本身通常具有相当简单且稳定的特点，如果企业很复杂而产业环境也不断在变化，那么我们实在是没有足够的聪明才智去预测其未来的现金流量，然而实际的情况是，这个缺点一点也不会让我们感到困扰。对于大多数投资者而言，重要的不是他到底了解什么，而是他真正明白自己到底不知道什么。只要能够尽量避免犯重大的错误，投资人只需要做几件正确的事情就足可以保证盈利了。"

只拥有很小部分的一颗希望之星（the Hope Diamond，世界上最大的深蓝色钻石，重达 45.5 克拉），也远远胜过 100% 拥有一颗人造的莱茵石（rhine stone）。谁都会很容易地看出我们拥有的公司的确是罕见的珍贵宝石。然而幸运的是，尽管我们只限于能够拥有这类优秀企业的少数股份，但却相应拥有了一个不断增长的投资组合。

巴菲特持有的股票组合类型有哪些公司

投资者需要小心谨慎地把资金分配在想要投资的标的，以达到降低风险的目的。正如巴菲特所说，如果一个人在一生中，被限定只能做出十种投资的决策，那么出错的次数一定比较少，因为他更会审慎地考虑各项投资后，才做出决策。少而精的组合绝对是有着非常大的优势的，这也验证了费舍的那句"少就是多"的名言。

巴菲特一直将自己的投资策略归纳为集中投资，他只在精选的几只股票上投资。"选择少数几种可以长期产生高于平均效益的股票，将你大部分的资本集中在这些股票上，不管股市短期跌升，坚持持股，稳中求胜"，表达的就是巴菲特的集中投资思想。可以说，集中投资策略是巴菲特取得巨大成功的最大原因之一。

让我们看看巴菲特的投资组合（见下表）。

公司	公司	持股比例（%）	市值（亿美元）
美国运通	151610700	11.8%	73.12
可口可乐	200000000	8.2%	101.5
吉利	96000000	9.5%	35.26
H&Rblock	14610900	8.2%	8.09
HCA	15476500	3.1%	6.65
M&Tbank	6708760	5.6%	6.59
穆迪	24000000	16.1%	14.53
中石油	2338961000	1.3%	13.4
《华盛顿邮报》	17277651	8.1%	13.67
富国银行	56448380	3.3%	33.24
其他	—	—	46.28

尽管这个投资组合的市值高达 400 多亿美元，但是他持有的主要个股却只有 10 家公司。

其中美国运通、可口可乐、吉列是巴菲特持有的股票中比较热门的股票，也是巴菲特精选的几只最优秀的股票。巴菲特曾经买入中石油的股票 23 亿多股，但现在，他已经抛售了相当一部分。

同巴菲特一样，许多价值投资大师都采用集中投资策略，将其大部分资金集中投资在少数几只优秀的企业的股票上，正是这少数几只股票为其带来了最多的投资利润。这正好与 80 ： 20 的原则相吻合：80% 的投资利润来自 20% 的股票。

集中投资的两大主要优势

投资者在集中投资的过程中，一定要知道集中投资的优势所在。当然在上面的分析中还没有把交易费用考虑进去，如果考虑交易费用，那么投资越分散，交易成本越大，战胜市场的概率就越小。相反，投资越集中，交易成本越小，战胜市场的概率就越大。

1991 年，巴菲特在致股东的信里写道："我认为最近几件事显示了许多躺着赚钱的有钱人遭到了攻击，因为他们好像没做什么事就使得自己的财富暴涨起来，然而过去那些积极活跃的有钱人像那些房地产大亨、企业购并家和石油钻探大亨等，却只能看着自己的财产一点一滴的缩水。"

在巴菲特眼中，最为优化的投资政策为集中投资，他多年的投资经验也验证了这一点。这种方式似乎有着异乎寻常的魅力，可以受到他如此长久的垂爱。它到底有什么其他策略不可比拟的优势？

优势一：持股越少，风险越小

巴菲特认为，风险和投资者的投资时间也有关系。他解释说，如果你今天买下一只股票，希望明天把它卖出去，那么你就步入了风险交易。预测股价在短期内攀升或下跌的概率就如同预测抛出的硬币的正反面的概率一样，你将会损失一半的机会。如果你把自己的投资时间延长到几年，你的交易转变成风险交易的可能性就会大大下降。当然，你购买的必须是优势股。

例如，如果你今天早上购买了可口可乐的股票，明天早上要把它卖出去，那么它就是一笔风险非常大的交易。但是，如果你今天早上购买了可口可乐的股票，然后持有 10 年，这样，就把风险降到了零。

很多投资者为了规避投资风险，往往把资金分散在不同的股票上。与投资大师不同的是，他们根本不理解风险的本质，他们不相信赚钱的同时避开风险是有可能的。更为重要的是，尽管分散化是一种让风险最小化的方法，但它也有一个令人遗憾的副作用，即利润会最小化。

优势二：持股越少，获利越多

由于大多数投资者根据现代投资组合理论选择分散投资策略，采用集中投资的持续竞争优势的价值策略就具有一定的竞争优势。

巴菲特自从 1965 年接手伯克希尔公司后，伯克希尔公司每股的净值由当初的 19 美元长到现在的 50498 美元，年复合成长率约为 22.2%。巴菲特之所以能够在投资领域保持持续的获利，其中最大的原因就在于他在获胜概率最大的股票上投入了最多的资金。

第三章

巴菲特教你选择企业

>>>>>

/ 第一节
选择企业的基本准则

选择有竞争优势的企业

有些投资者在寻找投资目标时，往往只关注股价是否便宜。巴菲特告诉我们，选择企业时应关注企业业务经营状况，要选择那些具有竞争优势的企业进行投资。以一般的价格买入一家非同一般的好公司要比用非同一般的好价格买下一家一般的公司好得多。

巴菲特说："对于投资者来说，关键不是确定某个产业对社会的影响力有多大，或者这个产业将会增长多少，而是要确定所选择的企业的竞争优势，而且更重要的是确定这种优势的持续性。"

具有突出竞争优势的企业，具有超出产业水平的超额盈利能力，长期来说，能够创造远远高于一般企业的价值增值。

巴菲特始终遵循他的导师格雷厄姆的教导："我认为迄今为止最优秀的投资著作是本杰明·格雷厄姆的《聪明的投资者》，他在最后一章的最后一部分的开头写道：'当投资最接近于企业经营时才是最明智的。'"

巴菲特认为，股票并非一个抽象的概念，投资人买入了股票，不管数量多少，决定股票价值的不是市场，也不是宏观经济，而是公司本身的经营情况。巴菲特说："在投资中，我们把自己看成是公司分析师，而不是市场分析师，也不是宏观经济分析师，甚至也不是证券分析师……最终，我们的经济命运将取决于我们所拥有的公司的经济命运，无论我们的所有权是部分还是全部。"

巴菲特将他的投资成功归功于他的商业思维。他说："我是一个比较好的投资者，因为我同时是一个企业家。我是一个比较好的企业家，因为我同时是一个投资者。"

巴菲特总是集中精力尽可能多地了解公司的经营情况，他认为公司业务分析的关键在于竞争优势：

（1）企业的业务是否长期稳定，过去是否一直具有竞争优势？

（2）企业的业务是否具有经济特许权，现在是否具有强大的竞争优势？

（3）企业现在的强大竞争优势是否能够长期保持？

由于巴菲特是长期投资，所以他非常重视企业是否具有良好的长期发展前景。而企业的长期发展前景是由许多不确定的因素决定的，分析起来相当困难。巴菲特为了提高对企业长期发展前景的准确性，在选择投资目标时严格要求公司有着长期稳定的经营历史，这样他才能够据此分析公司是否具有良好的发展前景，未来是否同样能够继续长期稳定经营，继续为股东创造更多的价值。

巴菲特认为公司应该保持业绩的稳定性，在原有的业务上做大做强，才是使竞争优势长期持续的根本所在，因此巴菲特最喜欢投资的是那些不太可能发生重大变化的公司。

同时，巴菲特在长期的投资中深刻地认识到经济特许权是企业持续取得超额利润的关键所在。

巴菲特在伯克希尔 1993 年的年报中对可口可乐的持续竞争优势表示惊叹:"我实在很难找到一家能与可口可乐的规模相匹敌的公司,也很难找到一家公司像可口可乐那样 10 年来只销售一种固定不变的产品。尽管 50 多年来,可口可乐公司的产品种类有所扩大,但这句话仍然非常贴切。就长期而言,可口可乐与吉列所面临的产业风险,要比任何电脑公司或是通信公司小得多,可口可乐占全世界饮料销售量的 44%,吉列的剃须刀市场则有 60% 的占有率(以销售额计)。更重要的是,可口可乐与吉列近年来也确实在继续增加它们的产品全球市场的占有率,品牌的巨大吸引力、产品的出众特质与销售渠道的强大实力,使得它们拥有超强的竞争力,就像是在它们的经济城堡周围形成了一条条护城河。相比之下,一般的公司每天都在没有任何保障的情况下浴血奋战。"

因此,巴菲特认为可口可乐是一个竞争优势持续"注定必然如此"的典型优秀企业。

巴菲特将竞争优势壁垒比喻为保护企业经济城堡的护城河,强大的竞争优势如同宽大的护城河保护着企业的超额盈利能力。

我们喜欢拥有这样的城堡:"有很宽的护城河,河里游满了很多鲨鱼和鳄鱼,足以抵挡外来的闯入者——有成千上万的竞争者想夺走我们的市场。我们认为所谓的护城河是不可能跨越的,并且每一年我们都让我们的管理者进一步加宽我们的护城河,即使这样做不能提高当年的盈利。我们认为我们所拥有的企业都有着又宽又大的护城河。"

选择盈利高的企业

一家优秀的企业应该可以不借助债务资本，而仅用股权资本来获得不错的盈利水平。优秀企业的投资决策，会产生令人满意的业绩，即使没有贷款的帮助也一样。如果公司是通过大量的贷款来获得利润的，那么该公司的获利能力就值得怀疑。

巴菲特说："我想买入的企业的标准之一是其有持续稳定的盈利能力。"

在他看来，一个公司的权益资本收益率与股东收益率是衡量公司盈利能力最重要的指标。

投资分析家通常用每股税后利润（又称为每股收益）来评价企业的经营业绩。上年度每股收益提高了吗？高到令人满意的程度了吗？巴菲特认为，这只是个烟幕。因为大多数企业都保留上年度盈利的一部分用来增加股权资本，所以没有理由对每股收益感到兴奋。如果一家公司在每股收益增长 10%，那就没有任何意义。在巴菲特看来，这与把钱存到储蓄账户上，并让利息以复利方式累计增长是完全一样的。

"对经营管理获利状况最重要的量度，是已投入股权资本的收益状况，而不是每股收益。"巴菲特更愿意使用权益资本收益率——经营利润对股东的比例来评价一家公司的经营业绩。

采用权益资本收益率时，需做某些调整。首先，有价证券应该按投资成本而不是市场价格来估价。因为股票市场价格会极大地影响一家公司权益资本收益率。例如，如果一年中股价戏剧性地上升，那么公司的净资产价值就会增加，即使公司经营业绩的确非常优秀，但与这么大的股权市值相除，权益资本收益率也将急剧减小。相反，股价下跌会减少股东收益，从而使平庸的盈利状况看起来比实际好得多。

其次，投资人也应控制任何非经常项目对公司利润的影响。巴菲特将所有资本性的收入和损失及其他会增减利润的特殊项目全部排除在外，集中考察公司的经营利润，他想知道，管理层利用现有资本通过经营能产生多少利润。他说，这是评判公司获利能力的最好指标。

巴菲特认为，衡量一家公司盈利能力的另一最佳指标是股东收益率。

高水平的权益投资收益率必然会导致公司股东权益的高速增长，相应也会导致公司内在价值及股价的稳定增长。长期投资于具有高水平权益投资收益率的优秀公司，正是巴菲特获得巨大投资成功的重要秘诀之一。

一般说来，管理层用来实现盈利的资本包括两部分：一部分是股东原来投入的历史资本，另一部分是由于未分配利润形成的留存收益。这两部分资本是公司实现盈利创造价值的基础。如果说公司当前的市值反映了股东历史投入资本所创造的价值，那么公司未来市值的增长主要反映了留存收益创造的价值增长。否则管理层利用股东的留存收益不但不会创造价值，而且会毁灭价值。

事实上，分析留存收益的盈利能力并不容易，需要注意的是必须根据不同时期的具体情况具体分析，不能仅仅计算总体收益率。

很多情况下，在判断是否应当留存收益时，股东们不应当仅仅将最近几年总的增量收益与总的增量资本相比较，因为这种关系可能由于公司核心业务的增长而扭曲。在通货膨胀时期，核心业务具有非凡竞争优势的公司，在那项业务中仅投入一小部分增量资产就可以产生很高的回报率。但是，除非公司销售量正处于巨大的增长中，否则出色的业绩肯定可以产生大量多余的现金。即使一家公司把绝大部分资金投入到回报率低的业务中，公司留存资产的总体收益情况仍然可能相当出色，因为投入到核心业务中的那部分留存收益创造了超常的回报。许多股东权益回报率和总体增量资产回报率持续表现良好的股份公司，实际上是将大部分的留存收益投入到毫无吸引力的，甚至是灾难性的项目之中。公司强大的核心业务年复一年地持续增长，掩盖了其他资本配置领域里一再重复的错误。犯下错误的经理们总是不断报告他们从最新的失败中吸取的教训，然后，再去寻找下一个新的教训。

因此，对于投资者来说，重要的是要看重企业的盈利能力。企业将来的盈利能力是投资人投资是否成功的关键。

选择价格合理的企业

是不是投资世界上最好的企业就一定会有最好的回报呢？巴菲特给了否定的回答，因为投资成功的一个必要前提是要在有吸引力的价位买入。

何谓有吸引力？就是股票的价格与我们计算的价值相比有足够

大的安全空间。也就是说我们应当在企业的价值被市场低估的时候买入。这看似是小孩子都明白的道理，但在贪婪和恐慌面前，一切都会变得很复杂。巴菲特之所以能成为"股神"，正是源于他无比坚定的执行力，永远把安全空间放在第一位。

巴菲特说："投资人只应该买进股价低于净值 2/3 的股票。"利用股市中价格和价值的背离，以合理的价格买入，然后在股价上涨后卖出，从而获取超额利润。

巴菲特认为，在购买任何股票前，投资者都要关注企业的市场价格与其内在价值，以保证在理想的价格上买进。不过他也认为，确定企业内在价值并不是一件容易的事情。内在价值的概念既严格又富于弹性，我们没有一个人能够得出企业内在价值的公式，关键是你得了解这个企业。在巴菲特看来，如果一家企业的经营业绩出众，即使它在短期内被市场忽略了，但它的价值最终会上涨。

投资者在寻找到具有持续竞争优势的企业后，买入其股票并不能保证他获得利润。他应该首先对公司内在价值进行评估，确定自己准备买入的企业股票的价值是多少，然后将该价值与股票市场价格进行比较。巴菲特称之为"用 40 美分购买价值 1 美元的股票"。

格雷厄姆曾说："最聪明的投资方式就是把自己当成持股公司的老板。"这是有史以来关于投资理财最为重要的一句话。试想一下，是不是大多数投资者正是由于没有将自己看成是企业的主人，而只是将它看成了短期获利的工具呢？所以，人们对企业的关心程度是不够的，甚至常常在对其并没有充分了解的时候就匆匆下手。如果我们能将自己看成是企业的主人，情况则会大不相同。我们会关心它，包括它的过去、现在与未来，它的成绩与失误，它的优势与劣势，明白了这些，我们对企业的价值到底有多少也会做到心中有数。这样也有助于我们确定该企业股票的合理价格。

使用自己的投资系统是巴菲特的一个天性。他不再需要有意识地思考每一个行动步骤。

例如，巴菲特经常谈到根据长期国债的当前利率将估算出的企业未来收益折现以判断企业现值的方法。但他真是这样做的吗？据他的合伙人查理·芒格说，事实并非如此。芒格曾在伯克希尔公司的一次年会上说："我从没见他这么做过。"这是因为巴菲特的行动是下意识的。

当他看到一家他了解的企业时，凭借数十年的分析企业价值的经验，他的潜意识会生成一幅图像，展现出这家公司 10~20 年后的样子。他可以简单地比较两幅图像，也就是这家公司今天的状况和未来的可能状况，然后立刻做出是否购买这家企业股票的决策。

当超市里的一名购物者看到他最喜欢的肥皂正打 5 折出售时，他不需要做复杂的计算就知道这是划算的价格。巴菲特同样不需复杂的计算就能知道一家公司的售价是否划算。对他来说，一个投资对象是不是便宜货是显而易见的。

巴菲特于 1988 年购买可口可乐的股票时，这家公司的每股收益是 36 美分。这些收益产生于 1.07 美元的每股净资产，因此可口可乐的净资产回报率是 33.6%。而且，它的净资产回报率在过去的几年中一直保持在这个水平。假设可口可乐的净资产回报率和分红率均保持不变，那么在 10 年内，它的每股收益将增长到 2.13 美元。

在巴菲特购买可口可乐的股票时，该股的市盈率在 10.7~13.2之间。按这个倍数估算，可口可乐的股价将在未来 10 年内达到

22 ~ 28 美元。

巴菲特的目标投资收益率是 15%。他的平均买价是每股 5.22 美元，按 15% 的年回报率计算，可口可乐的股价应该在 10 年后上涨到 21.18 美元。

巴菲特购买的是一家企业的股份。如果企业本身是健康的，股市的波动不算什么，可口可乐的收益不会受到影响，而且仍会增长。事实上，巴菲特可以估算出，可口可乐在此后 10 年中的每股分红累计将达 5 美元左右。

结果，在 1998 年年末，可口可乐的市盈率达到了 46.5 倍，股价为 66.07 元。巴菲特的平均买价是 5.22 美元，所以他的年复利率是 28.9%。这还不包括分红。

即使你决定要像巴菲特那样做一个理性的投资者，可是你并不知道一个企业的股票到底值多少钱。巴菲特认为，要解决这个问题，一半靠科学的分析，一半靠天赋。他说："你应当具备企业如何经营的知识，也要懂得企业的语言（即知道如何看懂那些财务报表），对于投资的某种沉迷，以及适中的品格特性，这可是比智商高低更为重要的因素，因为其将增进你独立思考的能力，使你能够避免不时在投资市场上传染的形形色色的大面积的歇斯底里。"

选择有经济特许权的企业

许多投资者所犯的错误是认为企业股票的价格及其涨落取决于其与竞争对于竞争的情况。用简单的话说，就是取决于它的经济特许权。但请记住，我们买的不是股票，而是企业。作为企业买主，我们必须认识到有许多力量影响着股票价格——这些力量往往与企业的实力及其经济特许权有关。

巴菲特说："经济特许权是企业持续取得超额利润的关键。"

与没有经济特许权的企业相比，拥有经济特许权的企业被淘汰的可能性要小得多。长期的盈利预测也比较容易做出。

巴菲特认为，一个出色的企业应该具有其他竞争者所不具有的某种特质，即"经济特许权"。那些具有经济特许权的企业在市场上有着一种特别的能力，其他企业就不能挤进这一领域与你竞争，更不可能与你展开价格战，分享你的利润。巴菲特曾经将企业的经济特许权价值描述为一条环绕企业城堡的护城河。这些特权给企业加装了一道安全防护网，使其在多变的商业世界里多了一份保障。

根据巴菲特的观点，整个经济世界可划分为两个团体：有特许经营权的企业形成的小团体和一群普通的商业企业组成的大团体。后者中的大部分企业的股票是不值得购买的。巴菲特把特许经营定义为：一家公司提供的产品或服务有市场需求甚至是强烈的需求，并且没有比较接近的替代产品，没有受到政府的价格管制。这些特许经营型企业有规则地提高它们的产品或者是服务的价格，却不必担心失去市场份额。特许经营型企业甚至可以在需求平稳、生产能力未充分利用的情况下提价。这种定价的灵活性是特许经营的一个重要特性，它使得投资可以得到超乎寻常的回报。特许经营企业另一个明显的特点是拥有大量的经济信誉，可以更有效地抵抗通货膨胀带来的负面影响。

相反，普通的商业企业所提供的产品或者服务与竞争对手往往大同小异或者雷同。几年前，普通的商品包括油料、汽油、化学品、小麦、铜、木材和橘汁。如今，计算机、汽车、空运服务、银行服务和保险业也都成了典型的日用商品。尽管有巨大的广告预算，它们的产品或者服务仍然与竞争对手没有实际意义上的区别。

具有经济特许权是出色企业的特点，与没有经济特许权的企业相比，它今后 20 年的情况更容易预测。从踏入投资行业开始，巴菲特便对这种具有特许权的公司有着极为浓厚的兴趣。在他看来，在普通企业遭遇危机的时候，那些具有经济特许权企业虽然也可能受到影响，但它们的经济特许权的地位却是不可动摇的。而且在这样的时刻，股价一般都会下跌，这正是买入的大好时机。

就像可口可乐公司，它拥有全世界所有公司中价值最高的经济特许权。"如果你给我 1000 亿美元用以交换可口可乐这种饮料在世界上的特许权，我会把钱还给你，并对你说：'这不可能。'"

对企业所有者来说，经济特许权意味着很难遇到竞争。虽然可口可乐比一般饮料贵，但喜欢可口可乐的人不会在乎。你无法通过降价与可口可乐竞争，这也是经济特许权存在的一个表现。人们很难与易趣竞争，因为它拥有世界上最大的网上拍卖市场。人们之所以很难与吉列竞争，是因为它拥有大量忠实的客户。迪士尼、箭牌糖果公司也是如此。

经济特许权并不限于热爱一种产品。虽然许多人对微软公司不满，却依旧使用视窗软件，因为大量软件需要依赖它运行，一定程度上可以说是被迫使用。虽然人们也许不满于附近的沃尔玛超市给邻居的百货店带来的遭遇，却仍然在沃尔玛购买小百货，因为那里的小百货便宜得让他们无法拒绝。沃尔玛具有价格特许权。

特许经营通常会形成盈利优势。优势之一表现在可以自由涨价从而获得较高的盈利率。另一点则是在经济不景气时，比较容易生存下来并保持活力。巴菲特认为，持有一家即使犯了错误，利润仍能超过平均水平的企业的股票是值得的。"特许经营企业可以容忍管理失误，无能的管理者可能会减少它的盈利能力，但不会造成致命的损失。"

拥有特许权的企业更加引人注目的一点在于，它们能够与通货膨胀保持同步。换言之，成本上涨时，它们能够提价。即使可口可乐、吉列剃须刀或者星巴克的大杯咖啡今天的价格比昨天要贵，人们也仍然会购买这些商品。

如果你理解了所谓经济特许权类型的企业，你便不难从众多的股票中把它们找出来。如果你恰好以一个合适的价格买进此股票，并长期持有它的话，那你的投资几乎是零风险。

选择具有超级资本配置能力的企业

投资者需要注意的是能够体现管理层高超的资本配置能力的一个重要标志就是，管理层在公司股价过低时大量进行股份的收购，但是要注意，管理与业务相比，业务是公司发展的根本所在，优秀的管理能够为优秀的公司锦上添花。所以在应用这个原则时，不能忽视公司的业务。

巴菲特说："企业经理最重要的工作是资本配置。一旦管理者做出资本配置的决策，那么最为重要的就是，其行为的基本准则就是促进每股的内在价值的增长，从而避免每股的内在价值的降低。"

巴菲特认为资本配置对企业和投资管理都是至关重要的，管理层最重要的能力就是资本配置的能力。资本配置的能力主要体现在管理层能否正确地把大量的资本投资于未来长期推动股东价值增长的最大化的项目上，可以这么说，资本配置上的远见在某种程度上决定了公司未来发展的远景。

比如在可口可乐每年的年报中，管理层都会一再重申："管理的基本目标是使股东价值最大化。"罗伯托·郭思达在公司"80年代的经营战略"中指出："未来10年内我们要继续对股东负责，使他们的投资增值。为了给我们的股东创造高于平均水平的投资收益，我们必须找到条件合适、回报率超过通货膨胀率的项目。"

公司的经营战略则强调使公司长期现金流最大化。为实现这一目标，可口可乐公司采取的是集中投资高收益的软饮料企业，并不断降低成本的经营战略。这一战略的成功直接表现为公司现金流增长、权益资本收益率提高和股东收益增加。为实现这一宗旨，可口可乐公司通过增加权益资本收益率和利润率来提高红利水平，同时减少红利支付率。

在20世纪80年代，可口可乐公司支付给股东的红利平均每年增长10%，而红利支付率却由65%降至40%。这样一来，可口可乐公司可以把更多的未分配利润用于再投资，以使公司保持一定的增长率。这使得可口可乐公司有能力增加现金红利并回购股票。1984年，公司第一次采取股票回购行动，回购了600万股。

从这以后，公司每年都要回购股票。1992 年 7 月，可口可乐公司再次宣布：从现在起到 2000 年，公司将回购 1 亿股，相当于公司流通股份总数的 7.6%。罗伯特·郭思达自信，由于公司强大的盈利能力，完全可以做到这一点。1984 ~ 1996 年的 12 年间，可口可乐总共动用了 53 亿美元，回购了 4.14 亿股，相当于 1984 年初公司流通股份的 25%。如果按 1993 年 12 月 31 日的收盘价计算，回购的这些股票价值 185 亿美元。巴菲特对可口可乐回购股份之举大加赞赏。

消费垄断企业是优先选择的投资对象

布鲁伯格认为，企业便利的地理位置、彬彬有礼的雇员、周到的售后服务、令人满意的产品品质等因素令消费者信赖，从而产生一种心理状态——商誉意识。消费者的商誉意识带来了消费垄断。而商誉意识虽然只是一种消费心理状态，但作为一种无形资产却具有巨大的潜在价值。它常常驱使消费者对某些商品产生一种信任，只购买某几种甚至某种商品。这样就会给企业带来更高的利润、良好的业绩等，此类公司的股票自然会受到追加，股价也会随之上涨。这类公司即使在经济不景气的情况下也会有突出的表现。

巴菲特说："对于投资来说，关键不是确定某个产业对社会的影响力有多大，或者这个产业将会增长多少，而是要确定任何所选择的一家企业的竞争优势，而且更重要的是确定这种优势的持续性。那些所提供的产品或服务周围具有很宽的护城河的企业能为投资者带来满意的回报。"

2000年4月，在伯克希尔公司股东大会上，巴菲特在回答一个关于哈佛商学院的迈克尔·波特的问题时说："我对波特非常了解，我很明白我们的想法是相似的。他在书中写道，长期的可持续竞争优势是任何企业经营的核心，而这一点与我们所想的完全相同。这正是投资的关键所在。理解这一点的最佳途径是研究分析那些已经取得长期的可持续竞争优势的企业。问问你自己，为什么在吉列公司称霸的剃须刀行业根本没有新的进入者。"

巴菲特把市场上的众多公司分成两大类：第一类是投资者应该选购的"消费垄断"的公司；第二类是投资者应该尽量避免的"产品公司"。

有些公司在消费者脑海里已经建立起了一种"与众不同"的形象，无论对手在产品质量上如何与这些公司一样，都无法阻止消费者去钟情这些公司。对于这类公司，巴菲特称之为"消费垄断"的公司。巴菲特一直都认为可口可乐是世界上最佳的"消费垄断"公司的例子，这可以通过世界最大的百货连锁公司沃尔玛在美国和英国的消费市场里的情况得到证明。

通过调查发现，消费者在不看品牌的情形下，的确是无法认出哪一杯汽水是可口可乐、百事可乐，哪一杯又是沃尔玛的自有品牌。结果，沃尔玛公司就毅然推出它的可乐品牌，放在几千家的分店外面，和可口可乐、百事可乐的自动售卖机摆在一起卖。自有品牌饮料不但占据最接近入口的优势，而且售价也只是百事可乐和可口可乐的一半。但结果呢？沃尔玛的自制饮料不敌这两个世界名牌汽水的市场占有率，而只是抢占了其他无名品牌汽水的市场而已。

"消费垄断"的威力可以让人忽略产品本身的质量高低，也能够吸引顾客以高一倍的价格购买。尽管在市场上，这些公司并没有垄断，因为还有很多的竞争者来争生意，但在消费者的脑海里，它们早已是"垄断型"的公司了。

巴菲特在买一家公司股份时，常常先这么问自己："如果我投资几十亿美元开办新公司和这家公司竞争，而且又可以聘请全国最佳经理人，我能够打进它的市场吗？如果不能，这家公司的确不错。"这么问还不行，巴菲特会问自己更深一层次的问题："如果我要投资几十亿美元，请来全国最佳经理人，而且又宁可亏钱争市场的话，我能够打进它的市场吗？"如果答案还是不能的话，这就是一家很优秀的公司，非常值得投资。

这一点，从巴菲特所持有的股票上就可以看出。他持有的每一只股票几乎都是家喻户晓的全球著名企业，其中可口可乐为全球最大的饮料公司；吉列剃须刀则占有全球 60% 便利剃须刀市场；美国运通银行的运通卡与旅行支票则是跨国旅行的必备工具；富国银行拥有加州最多的商业不动产市场并位居美国十大银行之列；联邦住宅贷款抵押公司则是美国两大住宅贷款业者之一；迪士尼在购并大都会 / 美国广播公司之后，已成为全球第一大传播与娱乐公司；麦当劳亦为全球第一大快餐业者；《华盛顿邮报》社则是美国最受尊敬的报社之一，获利能力又远高于同行业。

分析此等企业的共同特点，在于每一家企业均具有强劲的市场利基，也就是巴菲特所说的"特许权"，而与一般的"大宗商品"不同。巴菲特对此种特许权的浅显定义，是消费者在一家商店买不到某种商品（例如可口可乐或吉列剃须刀），虽然有其他类似竞争产品，但消费者仍然会到别家寻找此种产品。而且此种产品优势在可预见的未来都很难改变，这就是他"长期投资"，甚至"永久投资"的基本面因素。

与"消费垄断"的公司相反的是"产品公司"。这类公司生产的产品是那些消费者很难区分竞争者的产品。这些公司的特点是每个竞争者为了争取生意，都必须从产品价格和产品形象两方面竞争，两者对公司收益都不利。这些公司为了吸引顾客，都会拼命打广告，希望能在顾客脑海里建立起和其他竞争者不同的形象，但往往都是白费心思，白白增加成本而已。"产品公司"在市场好时，收益已不算多，一旦遇上经济不景气，大家竞相降价求存，就会导致人人都面临亏钱的困境。"产品公司"是投资者应该尽量避免的公司，这些公司即经营大麦、石油、钢材、铜、电脑配件、民航服务、银行服务等产品的公司。

/ 第二节
如何识别超级明星企业

抓准公司发展的潜力

对于投资人而言，能够为我们赚钱的，才是明星企业。所以，我们在识别企业时，应抓准公司发展的潜力。公司的发展潜力预示着公司未来的表现。巴菲特也曾说过，真正决定投资成败的，是公司未来的表现。试想，如果投资成败取决于过去和今日，那任何人都能投资致富，根本也不需要很强的分析能力，因为过去和今日的业绩都是公开的消息，人人都知道的。对于投资者来说，在寻找目标时，选择那些具有发展潜力的公司，无疑是为自己的投资上了一份保险。

巴菲特说："我们感兴趣的并非是股票类别本身，而是公司的潜在价值及其发展的前景。要根据一家公司的远景展望而进行相应的投资，我们需要的是有才能的投资基金委托人，而非利用财务杠杆牟利的股市赌徒。"

在巴菲特看来，从企业前景的角度来投资是一种原则，可以说，投资股市的实质就是投资企业的发展前景。

坚守这条原则，让别人的愚蠢行为成为你的经验，也就是说，别人出于恐惧和贪婪所犯的错误，会让你吸取教训，积累经验，投资那些从企业前景来看值得投资的股票。为了理解巴菲特从企业前景角度投资的观点，就必须理解巴菲特对于公司利润的独到见解。

他觉得公司利润与其在公司里的所有权成正比。因此，如果一个公司一股赚5美元，巴菲特拥有该公司的100股股票，那么他就认为他赚了500美元。

巴菲特相信公司面临两种选择：一是通过红利付出500美元；二是保留盈余进行再投资，从而提高公司的内在价值。巴菲特相信，股票市场的价格会由于公司内在价值的提高而提高。

在巴菲特的世界里，普通股也具有债券的特征，可付利息就是公司的纯收益。他用公司每股股票的净盈利除以每股买价，计算出收益率。一只每股买价10美元，每年净盈利2美元的股票，其收益率为20%。当然，这种计算必须假定公司盈利的可预测性。在现实生活中，如果你想购买当地的一只股票，你必须清楚它每年能赚多少、它的卖价是多少。通常这两个数字，你只要简单相除就能计算出你对该项投资的报酬率。巴菲特不管是购买整个企业还是购买企业的一股股票，都是这样做的。

巴菲特还认为，行业的性质比管理人素质更重要。毕竟，人心莫测，管理人可以"变质"，但整体行业情形一般不会那么容易变。

从巴菲特的投资构成来看，道路、桥梁、煤炭、电力等资源垄断性企业占了相当大的份额，因为这些行业的发展潜力很大。如巴菲特2004年上半年大量买进中国石油股票就是这种投资战略的充分体现。

巴菲特所投资的公司，都是对准消费者市场的。有的是品牌产品公司，如可口可乐；有的是行销行业，如百货、珠宝、家具、保险等。比如全球著名的吉利剃须刀公司，巴菲特认为消费者每十多天才需要换一次一两元的刀片，不可能会为了节省这一点点钱而将脸颊拿去冒险尝试其他牌子的。对于那些想要让小孩看电影的父母而言，他们不可能先亲自花费几十个小时的时间去观赏多部电影，然后才让孩子看其中几部的，现代人通常没有这个时间，于是迪士尼就成了家长所信赖的品牌。

中小型企业也值得拥有

　　对个人投资者来说，如果你细心留意，也许会发现一些流动性不大，但其内在价值大于目前价格的股票，如果发现了，就把握机会赶紧买进吧，或许这就是被大型投资者所忽略的。

　　1998 年巴菲特在佛罗里达大学商学院演讲时说："我们不在乎企业的大小，是巨型、大型、小型，还是微型。企业的大小无所谓，真正重要的因素是，我们对企业、对生意懂多少，是否是我们看好的人在管理它们，产品的卖价是否具有竞争力。"

　　巴菲特认为，他可以投资的企业都具有相同的特性：在熟悉的能力圈内、具有良好的竞争力、拥有诚实和能干的管理层。在他看来，企业不分大小，只要符合他投资的标准，他都会投资。

　　在巴菲特的投资生涯中，也有很多成功的中小型公司收购案例。时思糖果店就是一个经典的例子。时思糖果店是出售用自家配方制作的巧克力。1972 年巴菲特以 2500 万美元买下了时思糖果店。从 1972 年到 1999 年，这家装饰着独特的黑白格和玛丽赛标识的糖果店已经赢得了 8.57 亿美元的税前利润。1999 年，时思粮果店的税前利润为 7300 万美元，它的运营利润占到 24%，创下了历史纪录。在巴菲特的家乡奥马哈市，有家全国最大的家庭用品商店——内布拉斯加家具店。1937 年，罗斯·布兰肯女士投资 500 美元创办了这家家具店，然后坚持"价格便宜，实话实说"的经营策略，生意蒸蒸日上。1983 年，伯克希尔公司收购了该家具店 80% 的股票，其余 20% 留给布兰肯家族。虽然这个商店的营业面积仅仅只有 20 平方米，年销售额却高达 1 亿美元。

公司有良好的基本面

基本面分析的功能不是预测市场，它的更大的作用是告诉我们市场价格波动的原因，使我们更清楚地认识和了解市场，不至于因为对基本面情况的一无所知而对市场价格的涨跌感到迷茫和恐惧。

1993 年，巴菲特在致股东信里写道："我仍然忍不住想要引用 1938 年《财富》杂志的报道：'实在是很难再找到像可口可乐这样拥有这么大规模，而且能够保持 10 年不变的产品内容。'如今又过了 55 个年头了，可口可乐的产品线虽然变得更加广泛，但是令人印象深刻的是对它的形容依然如此。"

巴菲特对可口可乐总是赞不绝口，可以说他看重的就是可口可乐令人满意的基本面信息。

　　基本面分析是你买入任何股票之前必须做的一件事。通过分析确定该股的质量及其相对强势，也就是区分其优劣的过程。基本面是股票长期投资价值的唯一决定因素，每一个价值投资者选择股票前必须要做的就是透彻地分析企业的基本面。许多投资者没有系统地分析方法，甚至仅仅凭某一短暂的或局部的利好因素就做出买入决定。投资者很容易受一些感性因素的影响而做出错误的操作，如听信其他投资者的言论，或者生活中对某一消费品牌情有独钟，就买入其股票等。

　　巴菲特在股市的成功，依仗的是他对基本面的透彻分析，而非对"消息市"的巧妙利用。正是因为有巴菲特这样"老实本分"的投资者，正是因为市场对巴菲特理性投资行为的高额回报，使得美国的资本市场成为世界上最稳定、最成熟、最有活力的金融市场；作为经济"晴雨表"的美国资本市场的长期稳定、健康，反过来又对经济产生了良好的反馈作用，成为美国经济长期保持强势的根本保障。

　　基本面分析主要是对公司的收益、销售、股权回报、利润空间、资产负债、股市，以及公司的产品、管理、产业情况进行分析。基本面分析能考察一只股票的质量和吸引力，从而识别这只股票是否具有投资价值。

　　那么，在基本面分析中最重要的是什么呢？公司的盈利能力是影响股价的最重要的因素，也就是说只买那些盈利和销售量在不断增加、利润率和净资产收益率都很高的公司的股票。每股收益（公司的总税后利润除以公开发行的普通股的股数）可作为公司的成长能力和盈利能力的指标。

巴菲特认为，表现最优秀的个股，3/4 都是成长良好的公司，在股价大幅度上升之前其每股收益的年增长率平均达到或超过 30%，而且连续三年都如此。因此，应全力关注连续三年的年收益增长率达到或超过 30% 的公司。

另外，在基本面分析中还有一些其他的因素。公司应当有其独特的新产品或新的服务项目，且其预期前景也令人鼓舞。你应当了解你所投资的公司在做些什么。这个公司应有大机构赏识并持有其股份，大多数情况这个公司还应属于某个先进的大企业集团。应当了解有多少优秀的共同基金、银行和其他机构投资者买入这只股，这也是你个人研究的基础。大机构通常要经过详细的基本面分析以后才会买入某只个股的大量股票。

许多投资者以基本面分析方法作为其长期买卖决策的基础。基本面分析法的基本投资法则是：如果一只股票的价格低于它的内在价值，买进这只股票；如果股票价格高于它的价值，就卖出它。

也有些投资者通过基本面的分析来预测市场的未来，他们总是认为通过研究基本面的情况可以得出市场未来的方向。但巴菲特认为，这是一个根本性的错误。

业务能长期保持稳定

如果想找到长期领先于市场的好股票，一定要学习巴菲特，买入业务长期保持稳定的企业。巴菲特认为，公司业务不稳定，就难以在原有的业务上做大做强，无法建立强大的竞争优势。一家公司如果经常发生重大变化，就可能会因此经常出现重大失误。推而广之，在一块总是动荡不安的经济土地上，是不太可能形成城堡一样坚不可摧的垄断经营权，而这样的垄断经营权正是企业持续取得超额利润的关键所在。

巴菲特说："研究我们过去对子公司和普通股的投资时，你会看到我们偏爱那些不太可能发生重大变化的公司和产业。我们这样选择的原因很简单：在进行子公司和普通股两者中的任何一种投资时，我们寻找那些我们相信从现在开始的 10 年或者 20 年的时间里实际上肯定拥有巨大竞争力的企业。至于那些环境迅速转变的产业，尽管可能会提供巨大的成功机会，但是它排除了我们寻找的确定性。"

巴菲特认为，投资者买股票就是要投资该公司。既然要投资这家上市公司，并且已经做好了长期投资的打算，那么在确定投资对象时就一定要选择未来 10 年、20 年内业务长期保持稳定的公司，并且绝对具有巨大的竞争力。

在几十年的投资生涯中，巴菲特发现，经营盈利能力最好的企业，通常是那些现在的经营方式与 5 年前或者 10 年前几乎完全相同的企业。美国《财富》杂志的调查结果也验证了巴菲特的话。1999~2000 年，《财富》杂志评出的世界 500 强企业中只有 25 家企业达到了这样的业绩：连续 10 年的平均股东权益回报率达到 20%，并且没有一年的股东权益回报率低于 15%。这 25 家企业在股票市场上也表现优异，其中有 24 家都超越了标准普尔 500 指数。令大家讶异的是，在这 25 家企业中，只有几家企业从事高科技和制药业，其他企业都是从事着普通的业务，出售普通的产品，而且它们现在出售的产品几乎和 10 年前的产品没什么两样。

他认为，虽然有人说企业发展要与时俱进，要根据宏观环境的改变迅速转变产业，可是，这种做法排除了他寻找长期投资对象的确定性。事实上，他经过长期观察和研究发现，如果上市公司经常发生重大变化，那么就很可能会因此造成重大损失，而这和他的长期投资理念是不相符的。正因如此，所以他经常说："我们偏爱那些不太可能发生重大变化的公司和产业。"

巴菲特深深知道，长期投资必须非常重视企业良好的发展前景，因为你购买该公司的股票就是因为看中了它的未来发展；如果该公司"没有未来"，为什么还要投资该公司的股票呢？这时候如果还要做长期投资，那是非常危险的。

不过显而易见的是，企业的长期发展取决于多种因素，很难正确判断。巴菲特说，要做到这一点，就非常有必要对该公司过去的发展进行考察。只有这样，才能确信该公司未来同样能长期保持稳定发展、未来的经营业绩也能保持相对稳定增长，继续为投资者创造价值。所以，巴菲特从根本上是不主张公司开拓新业务、形成新的经济增长点的，他更希望公司能够在原有基础上做大做强，尤其是不能丢了原有业务的长期竞争优势。

很有意思的是，符合他这种预期的上市公司，它们的经营业务都相对简单而且稳定，这正是他喜欢的投资类型。所以他说："我们努力固守于我们相信可以了解的公司，这意味着那些公司具有相对简单且稳定的特征。"

针对许多投资者喜欢投资那些濒临破产倒闭的公司，巴菲特认为这样的资产重组概念股确实有可能会咸鱼翻身，或者乌鸦变凤凰，可是根据他对几百只这类股票的研究，他认为这样的可能性很小，不值得投资者为之一搏。他通过长期的观察后发现，甚至许多很有才干的管理人员在进入这样的"咸鱼"企业后，不但没有把它从水深火热的困境中解救出来，相反还毁坏了个人的好名声。

巴菲特通常拒绝投资下面几类公司的股票：

（1）正在解决某些难题；

（2）由于以前的计划不成功而准备改变经营方向。根据巴菲特的经验，那些多年来生产同样的产品、提供同样的服务的企业，往往有最好的投资回报。而那些正在转变经营业务的企业，则更有可能出现重大的经营失误。

巴菲特认为，从这个角度看，投资者寄希望于乌鸦变凤凰是不现实的；既然要投资股票，就要把眼睛盯在"凤凰"而不是"乌鸦"上。所以他从1982年起，每年都要在伯克希尔公司年报致股东的一封信中提到他对由亏转盈的"反转"公司不感兴趣。

巴菲特认为："剧烈的变革和丰厚的投资回报是不相容的。"但大多数投资者却持相反的看法。投资者争购那些在进行公司重组的公司股票。巴菲特认为，由于不可解释的原因，这些投资者对这类公司未来的收益寄予希望，却忽视了这类公司的现状和问题。

巴菲特始终认为，要想投资一家问题企业后一个一个地去解决这些问题，远远不如之前就远离这家问题企业来得轻松、简单。

选择有优秀治理结构的公司

巴菲特认为，管理层对提高股票内在价值的作用至关重要。投资者如果购买债券不怎么在意公司管理层的话，在投资股票时就非常有必要关注这一点。归根结底，公司管理层的能力和水平影响该公司的长期竞争优势，从而决定了该公司未来内在价值的大小和发展方向。

巴菲特在 2002 年致股东的信里写道："提到管理模式，我个人的偶像是埃迪·贝内特的球童。在 1919 年，埃迪年仅 19 岁就开始了他在芝加哥白袜队的职业生涯，当年的白袜队打进了世界大赛；一年后埃迪跳槽到了布鲁克林·道奇队，道奇队赢得了世界大赛。之后，他又跳到了纽约扬基队，在 1921 年该队又赢得了史上第一个世界大赛冠军。从此，埃迪安顿下来，扬基队在接下来的 7 年间，五度赢得了美联的冠军。

"也许你会问，这跟管理模式又有何相干？其实很简单，就是要想成为一个赢家，就要与其他赢家一起共事。举个例子来说，在 1927 年，埃迪因为扬基赢得世界大赛，而分得了 700 美元的奖金，这笔钱相当于其他球童一整年的收入，埃迪知道他如何拎球棒并不重要，他能为球场上最当红的明星拎球棒才是关键。我从埃迪身上学到了很多，所以在伯克希尔，我就经常为美国商业大联盟的超级强打者拎球棒。"

巴菲特在决定投资一家公司前，该公司的治理结构是考虑的重要因素之一。从某种意义上说，公司治理结构是检验一个公司治理的核心。公司治理结构就是指投资者、管理团队之间的关系，它们各自都有不同的权利和义务。当这两者能够公开而又独立交流的时候，我们就说这个公司有一个良好的治理结构。

为了让投资者更好地理解如何检验一个上市公司是否有好的治理结构，我们来看看辉瑞公司的例子。

1992年，辉瑞公司首次任命一位副总裁专门负责公司的治理结构问题。除了一般的审计委员会、薪酬委员会和执行委员会外，它还设立了一个公司治理委员会，同时在公司的股东委托书里对公司的治理规则进行了详细的说明。

根据辉瑞公司2001年的股东委托书，公司治理委员会的任务就是"根据董事会的适当规模和需要向董事会提出建议"。跟审计委员会和薪酬委员会一样，公司治理委员会完全由独立董事组成。

辉瑞的股东委托书的另一个优点是它是用清晰的、简明的语言表述的。而大部分公司的股东委托书使用令人迷惑的法律措辞，这使许多股东在读完后摸不着头脑，但这却是它们中意的方式。

让我们来看一看辉瑞公司的董事会到底是怎样的。在2000年，瑞辉公司的董事会一共召开了12次会议，值得一提的是，这还是在辉瑞2000年收购了另外一家公司之后，有许多其他重要事务要讨论的情况下的开会次数。在2000年，所有董事的会议出席率（包括整个董事会会议和各部门会议）达75%，这是董事会真正重视公司业务和股东利益的一个标志。仅仅审计委员会就召开了6次会议。审计委员会6个成员中的5个是现任或者前任的首席执行官，这是另外一个好标志，表明它真正地懂得财务数字。

每一个委员会都有它自己的章程，这已经写入了股东委托书

（证券交易委员会的规章要求审计委员这样做），章程明确了每个委员会各自的责任。这是相当难得的，值得投资者仔细阅读，看看一个效忠于股东的董事会应该如何履行它的职责。公司治理委员会明确表明它负责公司领导人的继任人选选拔问题——这对任何公司的董事会来说都是非常重要的问题，许多公司会忽略它，等到事情发展到不可挽回的地步，再着手解决这个问题，但一切都为时已晚。

辉瑞公司董事的薪酬通过现金和一种限制性股票来支付。和许多公司一样，辉瑞公司不要求它的董事一定要购买公司的股票，但是希望他们拥有相当数量的公司股票。

19个董事会成员中有3个是现任和前任的首席执行官，这意味着内部董事只占15%，远远低于22%的平均水平。

辉瑞的董事会广泛地参与公司各方面的事务，同时，辉瑞公司也要求它的董事会成员不能同时在其他公司的董事会里兼任董事。每次某个董事会成员被邀请加入其他公司的董事会，他（她）都必须向公司治理委员会提出申请，在委员会同意之前，必须确保该公司不是辉瑞的竞争对手并且和辉瑞没有利益上的冲突。当董事会成员更换工作时，必须提出辞职，然后由公司治理委员会来决定是挽留还是找新人来接替他的位置。

从辉瑞公司的例子中，我们可以看出，检验一个公司是否有好的治理结构，应着力于查看它的股东委托书等公司材料，是否公开透明，是否清晰明了，公司的管理层是否以股东的利益为重，总是努力从投资者的角度考虑问题，该公司的管理团队和董事会之间是否配合默契等。

第四章

巴菲特教你读财报

>>>>>

/ 第一节
损益表项的 8 条信息

好企业的销售成本越少越好

只有把销售成本降到最低，才能够把销售利润升到最高。投资者要远离那些销售成本过高的公司，选择那些销售成本比较低的公司。尽管产品销售成本就其数字本身并不能告诉我们公司是否具有持久的竞争力优势，但它却可以告诉我们公司的毛利润大小。

损益表（单位：百万美元）

收入	10000
销售成本	3000
毛利润	7000

巴菲特在分析公司是否具有持久竞争优势时，总是从公司的损益表入手，因为损益表可以让投资者了解该企业在一段时期内的经营状况。一般企业会在每个季度末或者年末披露这些信息。

在研究那些优质企业时，巴菲特发现，通过分析企业的损益表就能够看出这个企业是否能够创造利润，是否具有持久的竞争力。企业能否盈利仅仅是一方面，还应该分析该企业获得利润的方式，它是否需要大量研发以保持竞争力，是否需要通过财富杠杆以获取利润。通过从损益表中挖掘的这些信息，可以判断出这个企业的经济增长原动力。因为对于巴菲特来说，利润的来源比利润本身更有意义。

在损益表中，总收入下面一行指的就是销售成本，也被称为收入成本。销售成本可以是一个公司其销售产品的进货成本，也可以是制造此产品的材料成本和劳动力成本。

巴菲特在1985年的信中说："在新闻事业方面一样很难增加发行量，虽然广告量略增，但主要来自夹报部分，报纸版面上的广告却减少了。前者的利润远比后者低，且竞争较激烈，所幸去年成本控制得当使得家庭用户订阅数颇好。"

巴菲特认为，要想成为一个优秀的企业，首先需要做到的就是节约成本，尤其是销售成本。因为每个企业时时刻刻都在销售产品，销售成本在整个企业中所占的比重非常大。

所谓销售成本，是指已销售产品的生产成本或已提供劳务的劳务成本以及其他销售的业务成本。销售成本包括主营业务成本和其他业务支出两部分，其中，主营业务成本是企业销售商品产品、半成品以及提供工业性劳务等业务所形成的成本；其他业务支出是企业销售材料、出租包装物、出租固定资产等业务所形成的成本。

S公司是我国铅酸蓄电池行业经营规模最大的企业之一。S公司注册资本是1.3亿元，总资产约13亿元，年营业额近20亿元。但是随着S公司销售额的迅速增长，其一直沿用的销售模式和业务流程使得销售成本一直居高不下，主要体现在该公司设立销售分支机构太多，而且机构设置不太合理，浪费了很多资金。此外，该公司规定销售人员有权利报销差旅费、话费等销售费用，很多销售人员就大肆铺张浪费，一点都不节约。虽然该公司的营业额增长很快，但是净利润增长率幅度很低，甚至在行业竞争激烈时还出现过只见销量增长不见利润增长的局面。而造成这样的局面最主要的原因就是该公司的销售成本过高。

作为美国第三大汽车公司的克莱斯勒有限责任公司，由沃尔特·克莱斯勒创建于 1925 年。它曾经一度超过福特，成为美国第二大汽车公司。2009 年 4 月 30 日，克莱斯勒公司宣布破产。克莱斯勒竟成为第一个轰然倒下的汽车业巨头，其罪魁祸首并非金融危机，而是销售成本过高。

美国汽车的销售网络从 50 年前就开始建立，那时的公路网络没有现在发达，30 公里的路对很多人来说是很长的距离，汽车公司不得不在很短的距离内就建立一个特许经销店，以满足汽车消费者的需求。而现在，公路已经建设得四通八达，以往建立的经销网点就显得太密集，管理成本太高了。

2006 年，克莱斯勒在美国的经销商有 3749 家，总销售量为 214 万辆，平均每家卖出 570 辆汽车；而丰田在美国的经销站只有 1224 家，总销售量为 205 万辆，平均每家卖出 1675 辆汽车，是克莱斯勒的近 3 倍。过于密集的销售网点使克莱斯勒产品的销售成本大大提高，而这直接造成两种后果：一方面使产品的价格难以在市场上形成有力的竞争；另一方面也使得公司用于研发的资金比例少于丰田等日本竞争对手。最终高昂的销售成本使克莱斯勒破产。

长期盈利的关键指标是毛利润／毛利率

　　企业的毛利润是企业的运营收入之根本，只有毛利率高的企业才有可能拥有高的净利润。投资者在观察企业是否有持续竞争优势时，可以参考企业的毛利率。

　　巴菲特在 1999 年为《财富》杂志撰文时指出："根据去年的财报，全国最大的家具零售商 Levitz 自夸其产品价格比当地所有传统家具店便宜很多，该公司的毛利率高达 44.4%，也就是说消费者每付 100 美元所买的商品，公司的成本只要 55.6 美元。而内布拉斯加家具店的毛利润只有前者的一半。"

　　显然巴菲特认为，在考察一个公司是否具有持续竞争优势时，毛利润和毛利率是两个关键的指标。

　　毛利润是指总收入减去产品所消耗的原材料成本和制造产品所需要的其他成本。它不包括销售费用和一般管理费用、折旧费用和利息支出等。例如一件产品的售价为 50 元，原材料成本和制造产品的成本总和为 30 元，则该产品的毛利润为 20 元。毛利率指的是毛利与营业收入的百分比，用公式表示为：毛利率＝毛利润／营业收入 ×100%。

　　巴菲特认为，毛利率在一定程度上可以反映企业的持续竞争优势。如果企业具有持续的竞争优势，其毛利率就处在较高的水平。如果企业缺乏持续竞争优势，其毛利率就处于较低的水平。

　　如果企业具有持续的竞争优势，企业就可以对其产品或服务自由定价，让售价远远高于其产品或服务本身的成本，就能够获得较高的毛利率。例如可口可乐公司的毛利率为 60% 左右，箭牌公司的毛利率为 51%，债券评级公司的毛利率为 73%，柏灵顿北方圣太菲铁路运输公司的毛利率为 61%。

如果企业缺乏持续竞争的优势，企业就只能够根据产品或服务的成本来定价，赚取微薄的利润。如果同行采取降价的策略，企业也必须跟着降价，这样才能够保持市场份额，毛利率就更低了。很多缺乏持续竞争优势的企业的毛利率都很低。例如通用汽车制造公司的毛利率为 21%，美国航空公司的毛利率为 14%，美国钢铁公司的毛利率为 17%，固特异轮胎公司的毛利率为 20% 左右。

巴菲特认为，如果一个公司的毛利率在 40% 以上，那么该公司大都具有某种持续竞争优势。如果一个公司的毛利率在 40% 以下，那么该公司大都处于高度竞争的行业。如果某一个行业的平均毛利率低于 20%，那么该行业一定存在着过度竞争，例如航空业、汽车业、轮胎业都是过度竞争的行业。

毛利率指标检验并非万无一失，它只是一个早期检验指标，一些陷入困境的公司也可能具备持久的竞争优势。因此，巴菲特特别强调"持久性"这个词，出于稳妥考虑，我们应该查找公司在过去 10 年的年毛利率，以确保其具有"持续性"。巴菲特知道在寻找稳定竞争优势的公司时，必须注意持续性这一前提。

毛利率较高的公司也有可能会误入歧途，并且丧失其长期竞争优势，一是过高的研究费用，其次是过高的销售和管理费用，还有就是过高的债务利息支出。这三种费用中的任何一种过高，都有可能削弱企业的长期经济原动力。很多高毛利率的企业，将大量的毛利润投入在研发、销售和一般管理上，使得净利润减少很多。另外，有些企业的高额利息支出也吞噬了一部分毛利润。

特别关注营业费用

巴菲特认为，企业在运营的过程中都会产生营业费用。营业费用的多少直接影响企业的长期经营业绩。

损益表（单位：百万美元）

毛利润	7000		
—	营业费用	销售费用及一般管理费用	2100
		研发费	1000
		折旧费	700
营业利润	3200		

巴菲特在 1989 年致股东的信中说："如果你没有到过那里，你一定无法想象有珠宝店像波珊那样，销量非常大，在那里你可以看到各式各样、各种价格的种类，而它的营业费用开销大概只有一般同类型珠宝店的 1/3。对于费用的严格控制，加上优异的采购能力，使得它所销售的珠宝比其他珠宝店价格便宜很多，而便宜的价格又总能吸引更多的顾客上门，良性循环的结果使得该店在旺季的单日人流量高达 4000 人。"

营业费用是指企业在销售商品的过程中发生的各项费用以及为销售本企业商品而专设的销售机构的经营费用。商品流通企业在购买商品的过程中发生的进货费用也包括在营业费用之中。营业费用一般包括以下五个方面的内容：

（1）产品自销费用：包括应由本企业负担的包装费、运输费、装卸费、保险费。

（2）产品促销费用：为了扩大本企业商品的销售而发生的促销费用，如展览费、广告费、经营租赁费（为扩大销售而租用的柜台、设备等的费用，不包括融资租赁费）、销售服务费用（提供售后服务等的费用）。

（3）销售部门的费用：一般指为销售本企业商品而专设的销售机构（含销售网点、售后服务网点等）的职工工资及福利费、类似工资性质的费用、业务费等经营费用。但企业内部销售部门属于行政管理部门，所发生的经费开支，不包括在营业费用中，而是列入管理费用。

（4）委托代销费用：主要指企业委托其他单位代销按代销合同规定支付的委托代销手续费。

（5）商品流通企业的进货费用：指商品流通企业在进货过程中发生的运输费、装卸费、包装费、保险费、运输途中的合理损耗和入库前的挑选整理费等。

营业费用过高，就会在很大程度上影响企业的整体效益。例如2005年江中药业的主营业务收入为9.8亿元，毛利润为6.3亿元，毛利率高达64.58%。按理说这样的毛利率相当高，企业的整体效益应该很好。但是由于投入了大量资金在电视广告和渠道建设上，江中药业的营业费用高达4.1亿元，占到毛利润的65%。一旦销售业绩下滑，江中药业很有可能会负荷不了这么高的营业费用，出现资金缺口。从这一点上看江中未来的发展前景很有可能受制于营业费用过高的风险。

衡量销售费用及一般管理费用的高低

在公司的运营过程中，销售费用和一般管理费用不容轻视。投资者一定要远离那些总是需要高额销售费用和一般管理费用的公司，努力寻找具有低销售费用和一般管理费用的公司。一般来说，这类费用所占的比例越低，公司的投资回报率就会越高。

巴菲特在1983年致股东们的信中说："我们面临的另一个问题，是我们实际售出的糖果磅数停滞不前，其实这也是这个行业普遍遇到的困难，只是过去我们的表现明显胜于同行，现在却一样凄惨。过去四年来我们平均每家分店卖出的糖果数事实上无多大变化，尽管分店数有所增加，但销售费用也同样增加。"

巴菲特认为，一个真正伟大的企业，其销售费用和一般管理费用都是非常少的。只有懂得严格控制销售费用和一般管理费用的企业，才能在激烈的市场竞争中出类拔萃。

所谓销售费用，是指企业在销售产品、自制半成品和提供劳务等过程中发生的费用，包括由企业负担的包装费、运输费、广告费、装卸费、保险费、委托代销手续费、展览费、租赁费（不含融资租赁费）和销售服务费、销售部门人员工资、职工福利费、差旅费、办公费、折旧费、修理费、物料消耗、低值易耗品摊销以及其他经费等。所谓一般管理费用包括管理人员薪金、广告费用、差旅费、诉讼费、佣金等。

对于销售费用和一般管理费用这类费用，有人觉得没有多少，不必太计较。其实不然，像可口可乐这样的大公司，这类费用每年都高达数十亿美元，它们对整个公司的运营影响非常大。另外，不同的行业、不同的公司所占的比例也不尽相同。可口可乐公司每年的销售费用和一般管理费用占当年毛利润的比例几乎一直保持在59%，宝洁公司这项比例大约为61%，而穆迪公司的这项比例仅为25%。

巴菲特认为，公司的销售费用及一般管理费用越少越好。尤其在利润下滑时期，更需要好好控制这类费用，要不然公司可能就会面临倒闭或破产的危险。福特公司最近5年内每年花在销售和一般管理上的费用占到当期毛利润比例的89%~780%，这是一个多么庞大的比例啊！虽然当期福特公司利润下滑，毛利润减少也是一方面原因，但是在销售额减少的情况下还能保持这么高的费用比例，充分说明福特公司的管理机构和销售方式不太合理。如果福特公司就这么继续下去，而不努力减少这类费用的话，公司的利润就会慢慢被吞噬，福特公司就会一直亏损，直至破产或者倒闭。

巴菲特在寻找投资的公司时，他都会挑选销售费用和一般管理费用比较低的公司。在巴菲特看来，如果一家公司能够将销售费用和一般管理费用的比例控制在30%以下，那这就是一家值得投资的公司。例如巴菲特收购的波珊珠宝公司和内布拉斯加家具店就都是销售费用和一般管理费用非常低的公司。但这样的公司毕竟是少数，很多具有持续竞争优势的公司其比例也在30%~80%之间。此外，如果一家公司这类费用的比例超过80%，那么投资者几乎就可以不用考虑投资这个企业了。如果某一个行业这类费用的平均比例超过 80%，那么投资者几乎可以放弃这一行业了。确实有些行业是这样的，例如航空业。

巴菲特知道，即使是销售费用及一般管理花费保持较低水平的公司，它的长期经营前景也可能被其高昂的研发费用、高资本开支和大量债务所破坏。无论股票价格如何，他都对这类公司避而远之，因为他知道，它们的内在长期经济实力如此脆弱，即使股价较低，也不能使投资者扭转终生平庸的结局。

计算经营指标时不可忽视非经常性损益

投资者在考察企业的经营状况时，一定要排除非经常性项目这些偶然性事件的收益或损失，然后再来计算各种经营指标。毕竟，这样的收益或损失不可能每年都发生。

巴菲特在 2007 年致股东的信中说："2004 年依持股比例，伯克希尔公司可分配到的盈余高达 12.2 亿美元，这个数字称得上合理，虽然吉列与富国银行因为选择权成本隐含不计而被高估，但同时可口可乐却也提列了一笔非经常性的损失。"

巴菲特认为，在考察公司的盈利能力时，不仅要看公司的利润金额，而且要看公司的利润结构，即哪些利润是可以持续获得的，而哪些利润是偶然获得的。无论用什么指标衡量企业是否具有持续竞争优势，我们都应该排除非经常性项目的影响。只有排除偶然事件的影响，我们才能够进行更准确的判断。

非经常性损益是指公司发生的与生产经营无直接关系，以及虽与生产经营相关，但由于其性质、金额或发生频率，影响了真实、公允地评价公司当期经营成果和获利能力的各项收入或支出。非经常性损益包括资产置换损益、资产处置损益、委托投资损益、各种形式的政府补贴或税收优惠债务重组损益、比较财务报表中会计政策变更对以前期间净利润的追溯调整数等。

例如，某公司有一个价值 100 万美元的设备，设备使用期限为 10 年，每年计提 10 万美元作为折旧费用。今年是使用该设备的第 5 年，设备的账面价值为 50 万美元。因为某些原因公司现在要出售这个设备。如果这个设备以 70 万美元出售，这个设备出售产生的 20 万美元收益将被记录在出售资产收益（损失）这个项目中。如果这个设备以 40 万美元出售，这个设备出售产生的 10 万美元的亏损也将被记录在出售资产收益（损失）这个项目中。由于公司并不会经常出售生产设备、厂房等，这里出售资产产生的收益或损失都只是偶然性事件。因此这里出售资产收益（损失）这个项目就属于非经常性损益。

我们在考察公司的经营业绩时，必须剔除非经常性收益或损失，才能得知公司每年真正可以持续的盈利水平。因为如果公司发生非经常性收益，公司利润表中所反映的当期净利润就高于经常性活动产生的净利润，计算出来的净资产收益率和每股收益等盈利指标就会比实际情况偏大；如果公司发生非经常性损失，公司利润表中所反映的当期净利润就低于经常性活动产生的净利润，计算出来的净资产收益率和每股收益等盈利指标就会比实际情况偏小。

例如，某家公司 2008 年的净利润为 200 万美元，净资产为 2000 万美元，那么这家公司 2008 年的实际净资产收益率为 10%。如果该公司 2008 年非经常性项目收入 100 万美元，那么账面上的总利润为 300 万美元，我们计算出来的净资产收益率为 15%；如果该公司 2008 年非经常性项目损失 100 万美元，那么账面上的总利润为 100 万美元，我们计算出来的净资产收益率为 5%。

在判断某项损益是否为非经常性损益时，应该考虑该项损益的性质、金额或发生频率的大小。

（1）判断某项损益的性质，应主要分析产生该项损益的事项或业务是否为公司持续经营所必需，是否为公司发生的特殊业务。从公司所处的经营环境看，特殊性的事项或业务具有高度的反常性，而且与企业正常典型的活动明显的不相关或仅仅偶然相关。如果产生某项损益的事项或业务是公司持续经营不可或缺的，则该项损益就不能作为非经常性损益来处理。比如，公司为了保证设备的正常运转，每隔几年要对设备进行一次大修理，因而不是公司的特殊业务，所发生的大修理费用就是公司为维持正常的生产经营能力所必须发生的费用，由此而产生的损益也就应该是公司的经常性损益。

（2）判断某项损益是否为非经常性损益时，还应该考虑损益金额的大小。根据会计中的重要性原则，对于一些金额较小的非经常性损益即使将其视为经常性损益，也不会对投资者的投资决策分析产生实质性的影响。因此，对于一些明显可归于非经常性项目，但金额较小的损益，为了简化起见，在一般情况下可以将其视为经常性损益处理。但是，如果这些损益对公司的主要财务指标将会产生实质性的影响时，仍然将其视为经常性损益就不恰当了。

（3）除了考虑损益的性质和金额外，还必须考虑其发生的频率。产生非经常性损益的事项或业务应该是公司发生的偶发性事项或业务，也就是公司在可以预见的将来不能合理预计是否会发生的业务。正是因为这些事项或业务发生的偶然性，由此而产生的损益就应该归属于公司的非经常性损益。比如，公司于本年度获得了当地政府给予的一次性财政补助300万美元，使公司避免了出现亏损的不利局面，但公司对于以后年度能否继续获得此类补助则无法进行合理的预计。因此，本年获得的300万美元一次性财政补助就应该作为非经常性损益处理。

由于这些损益都是偶然事件，所以相关数字一般会突然出现在损益表的最后几行。巴菲特认为，把这些排除在外，无论用哪种利润指标都能准确判断公司是否具有持续竞争优势。

税前利润和税后利润的差别会很大。

当一家公司吹嘘它的利润有多么高时，投资者一定要搞清楚它说的是税前利润还是税后利润。因为税前利润和税后利润的差别实在是太大了。千万不要低估所得税的影响力。

巴菲特1999年在致股东的信里写道："为了更真实地反映伯克希尔公司实际的经营状况，我们运用了完整透视盈余的观念，这个数字总共包含前段所提到的账列盈余，加上主要被投资公司的保留盈余，按一般公认会计原则未反应在我们公司账上的盈余，扣除这些盈余分配给我们时估计可能要缴的所得税。"

巴菲特认为，净利润是衡量企业经营业绩的重要指标。但有一点，投资者一定要注意，那就是所得税对净利润的影响。

企业所得税是对企业生产经营所得和其他所得征收的一种税。

企业所得税的轻重、多寡，直接影响税后净利润的形成，关系到企业的切身利益。无论在哪个国家，企业都要为它们的收入缴纳所得税。每个国家规定缴纳所得税的标准不太相同。目前，在美国公司需缴纳的所得税金额大概为其税前利润的 35%，在中国公司需缴纳的所得税金额大概为其税前利润的 25%。

企业所得税对企业的发展有着至关重要的影响。根据国家的税收政策，不同的行业不同的地方企业税收有很大差别。在我国，一般企业的所得税金额为税前利润的 25%，但国家重点扶持的高新技术企业的所得税金额仅为税前利润的 15%。假设有两家公司每年的税前利润都是 1000 万元，一家为普通行业，一家为高新技术行业。那么它们缴纳的企业所得税分别为 250 万元和 150 万元，这之间相差了整整 100 万元。另外，国家还规定了一些免税政策。例如国家规定经国务院批准的高新技术产业开发区内新办的高新技术企业自投产年度起，免征所得税 2 年。企业在最初建立的几年里，处于发展阶段，通常都会需要很多资金投入，而这省下来的税款正好可以弥补资金的缺口，对企业的发展起了很大的促进作用。

巴菲特认为，投资者在投资时一定要注意区别税前利润和税后利润。税前利润是指在缴纳所得税前的利润，就是企业的营业收入扣除成本费用以及流转税后的利润。税后利润就是在税前利润基础上缴纳了所得税后的利润。

有一年巴菲特买入了价值 1.39 亿美元的华盛顿公共电力供应系统的免税债券，该债券每年支付巴菲特 2270 万美元的免税利息。在巴菲特看来，这 2270 万美元的收益相当于 4500 万美元的税前利润。如果他要在市场上购买一家每年赚 4500 万美元税前利润的企业，那么他必须花费 2.5~3 亿美元。这么看来，这 1.39 亿美元的免税债券还是非常划算的，而且相对风险也比较小。

税后利润即是一个公司的净利润，是企业在某一会计期间缴纳所得税后的净经营成果。这个指标意味着公司在缴纳所得税后最终赚了多少钱。净利润多，企业的经营效益就好；净利润少，企业的经营效益就差。

巴菲特通常对一个公司一年内的净利润毫无兴趣，他认为，公司的净利润若有持续增长的态势，则这个公司就有可持续的竞争优势。此外，净利润率也是巴菲特持续关注的另一指标。净利润率是公司净利润与公司主营业务收入之间的比值。

巴菲特发现，那些具有持续竞争优势的公司，其报告净利润占总收入的比例会明显高于它们的竞争对手。巴菲特说，倘若要在一家收入 100 亿美元、净利润为 20 亿美元的公司和一家收入 1000 亿美元但仅赚 50 亿美元的公司之间进行选择的话，他宁愿选择前者。因为前者的净利润率是 20%，而后者的净利润率只有 5%。可见，单独的净利润收入基本不能反映公司的经营业绩状况，但是利润率却能反映出很多公司与其他公司之间的业绩对比状况。

/ 第二节
资产负债表项的 11 条重要信息

没有负债的才是真正的好企业

"好公司是不需要借钱的。"虽然我们不能绝对地从一个公司的负债率来判定公司的好坏，但如果一个公司能够在极低的负债率下还拥有比较亮眼的成绩，那么这个公司是值得我们好好考虑的。

1987 年，巴菲特在致股东的信里写道："《财富》杂志里列出的 500 强企业都有一个共同点：它们运用的财务杠杆非常小，这和它们雄厚的支付能力相比显得非常微不足道。这充分证明了我的观点：一家真正好的公司是不需要借钱的。而且在这些优秀企业中，除了有少数几家是高科技公司和制药公司外，大多数公司的产业都非常普通，目前它们销售的产品和 10 年前并无两样。"

巴菲特认为，一家优秀的企业必然能够产生持续充沛的自由现金流。企业靠这些自由现金流就应该能够维持企业运营。一家优秀的企业是不需要负债的。巴菲特觉得，投资者在选择投资目标时，一定要选择那些负债率低的公司。公司负债率越高，投资风险就越大。另外，投资者也要尽量选择那些业务简单的公司。像上文提到的那些优秀企业中，大多数都还在销售着 10 年前的产品。

在巴菲特看来，能够每年创造高额利润的上市企业，其经营方式大多与 10 年前没什么差别。巴菲特投资或收购的公司大多都是这种类型的。伯克希尔公司旗下的子公司每年都在创造优异的业绩，可是都从事着非常普通的业务。为什么普通的业务都能够做得如此成功？巴菲特认为，这些子公司优秀的管理层把普通的业务做得不再普通。他们总是想方设法保护企业本身的价值，通过一系列措施来巩固原有的优势。他们总是努力控制不必要的成本，在原有产品的基础上不断尝试研发新产品来迎合更多的顾客的需求。正因为他们充分利用现有产业的地位或者致力于在某个品牌上努力，所以他们创造了高额利润，产生了源源不断的自由现金流，具有极低的负债率。

1987 年伯克希尔公司的净值增加了 46400 万美元，较前一年增加了 19.5%。而水牛城报纸、费区海默西服、寇比吸尘器、内布拉斯加家具、史考特飞兹集团、时思糖果公司与世界百科全书公司这七家公司在 1987 年的税前利润高达 18000 万美元。如果单独看这个利润，你会觉得没有什么了不起。但如果你知道它们是利用多少资金就达到这么好的业绩时，你就会对它们佩服得五体投地了。这七家公司的负债比例都非常的低。1986 年的利息费用一共只有 200 万美元，所以合计税前获利 17800 万美元。若把这七家公司视作是一个公司，则税后净利润约为 1 亿美元。股东权益投资报酬率将高达 57%。这是一个非常令人惊艳的成绩。即使在那些财务杠杆很高的公司，你也找不到这么高的股东权益投资报酬率。在全美五百大制造业与五百大服务业中，只有六家公司过去十年的股东权益报酬率超过 30%，最高的一家也不过只有 40.2%。正是由于这些公司极低的负债率，才使得它们的业绩如此诱人。

现金和现金等价物是公司的安全保障

巴菲特认为，自由现金流是否充沛，是衡量一家企业是否"伟大"的主要标志之一。而这个观点是他在对自己的经验教训进行总结的基础上得到的。在他看来，自由现金流比成长性更重要。

巴菲特在伯克希尔公司 2007 年致股东的一封信中说："伯克希尔公司所寻找的投资项目，就是那些在稳定行业中具有长期竞争优势的企业。如果这些企业具有迅速成长性当然更好，可是如果没有的话，只要能产生自由客观的现金流，也是非常值得的。因为伯克希尔公司可以把从中获得的自由现金流重新投入到其他领域当中。"

巴菲特认为，投资者购买的股票其自由现金流要持续充沛，这是考察该股票是否值得投资的很重要的一个方面。一家真正伟大的企业，自由现金流必须充沛是其前提条件之一。

现金是可由企业任意支配使用的纸币、硬币。现金在资产负债表中并入货币资金，列作流动资产，但具有专门用途的现金只能作为基金或投资项目列为非流动资产。现金等价物是指企业持有的期限短、流动性强、易于变化为已知金额的现金、价值变动风险很小的投资。一般是指从购买之日起，3 个月到期的债券投资。现金等价物是指短期且具高度流动性之短期投资，变现容易且交易成本低，因此可一同视为现金。

如果一个上市公司在短期内面临经营问题时，一些短视的投资者会因此抛售公司股票，从而压低股价。但巴菲特不会这么做，他通常会去查看公司囤积的现金或有价证券总额，由此来判断这家公司是否具有足够的财务实力去解决当前的经营困境。

如果一家公司持有大量现金和有价证券，并且几乎没有什么债务的话，那么这家公司会很顺利渡过这段艰难时期。而一旦现金短缺或者没什么现金等价物的话，即使公司经理人再有能耐，也不可能挽回公司倒闭的局面。由此可见，现金和现金等价物是一个公司最安全的保障。

从 2008 年的全球金融危机来看，那些拥有大规模现金的公司在金融危机中可采取的应对策略也更灵活一些。一家咨询公司的高级战略分析师说，如果一家公司拥有足够的资金，那么这家公司在当前的市场环境中将占有极大的有利位置。当前，许多优质资产的价格已经跌到了谷底，更为重要的是，这些公司都有意接受来自投资者的报价。

对公司而言，通常有三种途径可以产生大量现金。首先，它可以向公众发行出售新的债券或者股票，所融得的资金在使用之前会形成大量的库存金；其次，公司也可以通过出售部分现有业务或其他资产来获得的资金；再次，公司一直保持着运营收益的现金流入大于运营成本的现金流出，也会产生一部分现金收入。如果一家公司能通过这三种方式持续地运营带来大量的现金积累，就会引起巴菲特的注意，因为这类公司往往具有持续性竞争优势。

巴菲特眼里的优秀公司原型就是伯克希尔公司旗下的国际飞安

公司（FSI）。伯克希尔公司 1996 年收购该公司时，它的税前利润还只有 1.11 亿美元，固定资产净投资 5.7 亿美元。而在伯克希尔公司收购该公司后的 10 年间，该公司资产折旧 9.23 亿美元，资本投入 16.35 亿美元，其中绝大部分都是用来配套那些飞行模拟器的。2007 年该公司税前利润为 2.7 亿美元，比 1996 年增加了 1.59 亿美元，不过与时思糖果公司相比还是逊色多了。

巴菲特眼里的糟糕公司，是那种成长速度很快，可是却需要大量资本投入才能维持其原有发展速度、利润很少甚至根本就不赚钱的企业。美国航空公司就属于这种公司，从第一架飞机诞生的时候开始，就决定了航空公司需要源源不断地投入资金，而它有时候根本就不创造利润。

债务比率过高意味着高风险

负债经营对于企业来说犹如"带刺的玫瑰"。如果玫瑰上有非常多的刺，你怎么能够确信自己就能小心地不被刺扎到呢？最好的方法就是，尽量选择没有刺或者刺非常少的企业，这样我们的胜算才会大一些。

巴菲特认为，一个好的企业并不需要很高的负债率。如果一个企业拥有很高的负债率，企业面临的风险就比较大，就像一辆不安全的车驶过一条坑坑洼洼的路一样，处处充满了危机。投资者在购买股票时一定要尽量避开负债率很高的企业。

很多人信奉现在的负债经营理论。他们认为，负债经营不但可以有效地降低企业的加权平均资金成本，还可以通过财务杠杆，为企业带来更高的权益资本的收益率。但巴菲特认为，负债经营并不是很稳妥的经营方式。巴菲特认为，只要是好公司或是好的投资决策，即使不靠财务杠杆，最后也一定能够得到令人满意的结果。如果为了一点额外的报酬，就将企业机密信息暴露在不必要的风险下是非常愚蠢的。

坦帕湾地方电视台的购并案就是一个负债过高的典型案例。由于举债过高，坦帕湾地方电视台一年所需要支付的利息甚至超过它全年的营业收入。换句话说，即便该电视台没有任何人工、设备、服务等成本费用，这家电视台一年下来依然是亏损的。如此下来，坦帕湾地方电视台似乎也就只有破产一条路可走了。

1997年八佰伴国际集团宣布破产。闻名于日本乃至世界的八佰伴集团发展历史曲折艰辛，充满传奇，它的创始人阿信之子——和田一夫，将八佰伴从一个乡村菜店开始，一步步发展为日本零售业的巨头。在全盛期，八佰伴拥有员工近3万人，在世界上16个国家和地区拥有450家超市和百货店，年销售额达5000多亿日元。八佰伴破产，正值亚洲国家和地区受金融风暴冲击，经济向下调整时期，虽然有种种外部不利因素导致八佰伴经营的失败。然而主要的原因却是八佰伴扩张速度过快，负债过高。据香港八佰伴的年报资料，在1988年八佰伴应付贸易欠账只有300多万元，不足1%的营业额。但到1997年，八佰伴拖欠的应付贸易账，已增至近5.5亿港元，相当于营业额的13.5%，总负债更高达10.24亿港元。最终八佰伴不堪重负，无奈以破产收场。

负债率依行业的不同而不同

不同行业的企业负债率是不同的。即使在同一个行业里，不同时期的负债率也会有所不同。在观察一个企业的负债率的时候，一定要拿它和同时期同行业的其他企业的负债率进行比较，这才是比较合理的。

巴菲特在 1990 年的信里说："现金就是现金，不论它是靠经营媒体得来的，还是靠钢铁工厂得来的，都没有什么两样。但在过去，同样是 1 元的利润，我们大家都会看重媒体事业，因为我们觉得不需要股东再投入资金媒体事业就会继续成长，而钢铁业就不行。不过现在大家对于媒体事业的看法也渐渐变为后者了。"

巴菲特认为，虽然好的企业负债率都比较低，但不能把不同行业的企业放在一起比较负债率。我们不能把媒体业和钢铁业放在一起来比较负债率。不同行业的负债率完全不一样。

在过去，投资者都认为电视、新闻、杂志等媒体行业是值得投资的好行业。因为在过去媒体行业一般不需要负债经营，它们能够完全不依靠外来资金投入就可以一直以每年 6% 的增长速度发展，而且也不需要很多运营资金。可是最近几年，媒体行业的发展开始慢慢发生变化，而且在未来的日子里会发生更剧烈的变化。

巴菲特认为，媒体企业账面上的利润其实就相当于企业的自有资金。如果企业能够每年都增加 6% 的现金流，我们以 10% 的折现率把这种现金流进行折现，那么 100 万美元的税后净利润就相当于一次性投入 2500 万美元所得到的收益。但如果企业不能每年都增加 6% 的现金流，那么企业每年就必须保留一部分利润资金用于追加投入。显而易见，如果企业每年都可以提供 6% 的现金流增长率，企业不仅不需要负债，还有闲散资金可以支配；但是如果企业无法稳定提供 6% 的现金流增长率，那么该企业为了补充流动资金，就必然要负债。由于行业周期性经济不景气，很多媒体行业的企业都陷入了负债的困境。不少企业因为前期负债率过高，导致实际盈利水平大幅度降低。甚至有的企业每年的营业收入还不足以偿还当年利息。

巴菲特在媒体行业有着很多投资。例如《水牛城日报》公司、《华盛顿邮报》公司、美国广播公司等都是伯克希尔公司旗下的子公司。虽然整个媒体行业利润下降不少，但由于美国广播公司和《华盛顿邮报》公司两家企业的负债率都很低，公司账面上的现金余额就足以偿还所有债务，所以它们轻松地渡过了行业经济危机。

在巴菲特看来，有些企业的经理人明知企业无法承担过重负荷，还一直借很多债，这是非常不负责任的行为。巴菲特从来不允许他旗下的那些子公司这样做。即使是"霹雳猫"保险业务的损失理赔上限金额很大，"霹雳猫"保险公司的负债率也是很低的。

固定资产越少越好

投资者在选择投资的企业时，尽量选择生产那些不需要持续更新产品的企业，例如口香糖。这样的企业就不需要投入太多资金在更新生产厂房和机械设备上，相对地就可以为股东们创造出更多的利润，让投资者得到更多的回报。

1980 年，巴菲特在致股东的信里写道："伯克希尔公司并不会像很多公司一样为了一些短期资金缺口而融资。通常只有当我们觉得在接下来的一段时间内将有许多好的投资机会出现时我们才会融资。我们都知道最佳的投资机会大多出现在市场银根最紧的时候，而我们希望那时候能够拥有充足的火力。"

公司的房产、生产厂房和机械设备几乎是每一家企业都必备的。一般来说，公司的房产、生产厂房和机械设备的总价值会作为一项资产列示在公司的资产负债表上。而这项资产的数据是以初始购置成本减去累计折旧后剩余的价值。巴菲特认为，越是优秀的公司，其房产、厂房和机械设备所占的比例越少。

巴菲特在选择投资的公司时，都会注意公司的房产、生产厂房和机械设备在公司资产负债表中所占的比例。在巴菲特看来，那些有持续竞争优势的公司一般不常更新厂房和机械设备。通常只有当原有的厂房和设备已经快报废了，它们才会更换一套新的。而那些不具有持续竞争优势的公司为了迎接时刻存在着的同行的竞争，常常需要在生产设备还没报废之前就更换新的设备，以增强其竞争力。这样看来，反而是没有持续竞争优势的公司比有持续竞争优势的公司花在更新厂房和设备上的钱多很多。长期下来，这笔开支就会为这两个公司带来不同的经营表现。更何况，越是有持续竞争优势的公司越有能力用自有资金购买厂房和设备。而没有持续竞争优势的公司可能会因为要弥补不断更新厂房和设备的资金缺口而被迫负债。一旦负债，就会把公司的一部分收入用来支付利息，公司的净资产收益就会变得更低。

著名口香糖生产商箭牌公司就是一家具有持续竞争优势的公司。箭牌公司的厂房和设备总资产为 14 亿美元，负债 10 亿美元。看起来箭牌的公司的债务还挺高的，但是箭牌公司每年能够赚取差不多 5 亿美元的利润。也就是说，只需要两年时间，箭牌公司就可以把所有负债全部还清。而且，口香糖是一种不需要持续更新的产品。箭牌公司不需要经常更新厂房和生产设备。

和生产口香糖的箭牌公司相比，生产汽车的通用集团就没有那么幸运了。通用汽车厂房和设备总价值大约为 560 亿美元，负债 400 亿美元。最近几年通用汽车一直处于亏损状态。对于通用来说，还清这些债务确实需要一些时日。汽车又是一个需要经常更新的产品。为了应对全球汽车制造商的激烈竞争，通用必须不断对汽车产品进行升级和更新，相应地，通用就需要对生产线不断进行更新和配置。这是一笔持续不断的隐形投入，为通用的经营又增加了很多负担。

优秀公司很少有长期贷款

长期来看，真正优秀的企业仅有很少的负债或者没有负债。长期贷款对优秀企业来说是没必要的。所以在寻找投资对象时，我们要尽可能地寻找那些少有长期贷款的企业。如果你碰到一个感觉不错的企业，但是却有一些长期贷款，那你一定要考虑一下是不是杠杆公司收购的缘故。

2008 年巴菲特接受采访时说："很显然，如果要投资的话，就要投给一个只有拿到这笔资金才能存活的公司。如果正在运营某公司，并且每天商业票据能满足你的需要，那你就不会在乎到期付款日是 43 天还是 17 天，也不会延期偿债，因为短期贷款比长期贷款要划算，而你也很不喜欢为长期贷款付更多的利息。"

所谓长期贷款，指的是贷款期限在 5 年以上（不含 5 年）的贷款。巴菲特认为，真正优秀的企业是不需要长期贷款的。因为优秀的企业本身就可以产生源源不断的现金流，不需要再投入，就可以维持企业正常的运转。即使它们需要扩大规模或者遇到重大的投资项目，它们也完全有能力自我融资，不需要依靠长期贷款。

巴菲特在选择投资对象时，都非常关注企业有没有负债、负债多少。巴菲特认为，只观察企业当年的负债状况是比较片面的，应该重点观察该企业 10 年来的负债状况，还有企业还债能力如何。

巴菲特投资的公司大多具有很低的负债率，有的甚至没有负债。巴菲特非常喜欢可口可乐；一方面巴菲特非常喜欢可口可乐公司生产的樱桃可口可乐，另一方面，巴菲特非常喜欢可口可乐公司的低负债率。和同等经营规模的企业相比，可口可乐公司的长期贷款比例真是非常低。而且，可口可乐公司还债能力超强，只需要一个季度就可以把所有的长期贷款偿还完。而巴菲特收购的时思糖果公司则没有一点负债。当时，就是时思糖果公司的零负债率深深吸引了巴菲特，才促使这桩收购案在很短的时间内就完成交易。

现金流量表里面的 9 个秘密

自由现金流充沛的企业才是好企业

向巴菲特学习，认真估算每一只股票每年的现金流入和流出状况。虽然这样比较保守，也无法做到非常精确，但只有这样做我们才能够找到真正适合投资的企业。

2000 年，巴菲特在致股东的信里写道："扣除税负因素不考虑，我们评估股票和企业的方法并没有两样，从古到今，我们评估所有金融资产的方法就从来没有改变过。这个方法可以追溯到公元前 600 年的伊索寓言。在伊索寓言里，那不太完整但历久弥新的投资理念就是'两鸟在林不如一鸟在手'。如果进一步弄明白这个理念，就有三个问题需要作答：树林里有多少只鸟？这些鸟什么时候会出现？捕捉一只鸟的成本是多少？如果你能够考虑清楚以上三个问题，那么你就可以知道这个树林最高的价值是多少，以及你可以拥有多少只鸟。当然了，这里的鸟只是一种比喻，真正实际的标的是金钱。"

巴菲特认为，一个企业是否值得投资，要分析该企业的自由现金流是否持续充沛。上市公司就好比"树林"，自由现金流就好比"树林里的小鸟"。而投资者的目标就是以最少的成本在树林里捉到尽可能多的小鸟。只有当你了解树林里一共有多少只小鸟，你才能了解该股票具有多大的投资价值；只有当你了解树林里的小鸟有几只会出现在你面前、什么时候会出现在你面前，你才能了解你能获得多大的投资报酬。除此之外，你还需要考虑你的捕鸟成本。如果你用很高的成本捕捉到了这些小鸟，那么这样的"捕鸟"行为依然是不值得的。其实也就是说，你要把你的投资成本和国债报酬率进行对比，只有当你的投资回报率超过了国债报酬率，你才值得投资该企业。当然了，自由现金流这一投资理念不仅仅适合于股票投资，同样适合于农业、油田、彩票、企业投资等方面。

在巴菲特看来，很多股票分析员喜欢用所谓的技术指标来分析股票是否值得投资，例如股利报酬率、成长率、本金收益比等，这样的分析是没有道理的。巴菲特认为，除非这些指标能够为计算企业未来的现金流入流出提供一些线索，否则这些技术指标没有任何意义，甚至还会误导投资者。巴菲特认为，只有自由现金流是投资者能够真真实实拥有的东西。

虽然现在股票市场上很流行投机主义，很多人只关心别人会不会以更高的价格把股票从自己手上买走，但这不是他喜欢做的事情。巴菲特觉得就像树林里没有鸟，你捕不到鸟一样，如果企业根本不产生自由现金流，投资者怎么能奢求从中获利呢？获利的只可能是那些利用市场泡沫创造出来的泡沫公司而已。只有企业拥有充沛的自由现金流，投资者才能从投资中获得回报。

有雄厚现金实力的企业会越来越好

在选择投资企业时，我们要充分考虑企业的自由现金流是否充沛。另外，作为普通投资者，我们也应该尽量保持手中拥有比较充沛的现金。这样不仅可以让我们的生活安稳一些，也可以避免我们碰到合适的投资机会却没有钱进行投资。

1996 年，巴菲特在致股东的信里写道：

"在'霹雳猫'保险业务中，我们主要有三个竞争优势。首先向我们投保再保险的客户都相信我们的能力。他们知道即使在最糟糕的情况下我们也会履约付款。他们知道如果真的发生什么大灾难，也许金融危机就会接踵而来。到那时可能连一些原本享有盛誉的再保险公司也拿不出钱来。而我们之所以从来不把风险再转嫁出去，因为我们对灾难发生时其他再保险公司的支付能力持保留态度。"

巴菲特之所以对其他再保险公司支付能力持保留态度，是因为巴菲特觉得其他再保险公司的自有资金流远远比不上伯克希尔公司。巴菲特认为，投资者购买的股票其自由现金流是否持续充沛，这是考察该公司是否值得投资的最重要的一方面。企业只有拥有充沛的自由现金流，才可以在该领域更好地施展身手。

一直以来，巴菲特对保险业都保持着浓厚的兴趣。在巴菲特看来，保险公司可以产生充沛的自由现金流。保险客户支付保费，提供了庞大的经常性的流动现金，保险公司可以把这些现金再加以投资。巴菲特认为，投资保险业，一来可以获得稳健经营的保险公司，二来可以获得投资所需的丰厚资金。

但巴菲特也明白，投资保险业务，拥有充沛的自由现金流是非常重要的。自由现金流持续充沛的上市公司必然具备强大的财务实力，而这种财务实力反过来又会促使该企业承接到实力较小的同行所无法企及的业务，显示出强者更强的"马太效应"来。正因为伯克希尔公司拥有强大无比的自由现金流，接下了许多别人不敢接的大订单，例如一些超大型特殊风险，通常是其他再保险公司无法承担的灾难性风险，如加州大地震，以及其他一些非常特别的保单，使伯克希尔公司成为美国最大的再保险公司。

　　2003年百事可乐公司举办过一次中奖活动，活动的每位参加者都有机会获得10亿美元的大奖。10亿美元可不是一笔小数目，于是百事可乐公司就想找一家保险公司来分担这种风险，而它最先想到的就是伯克希尔公司。伯克希尔公司独立承担了这次中奖活动的所有风险。2003年9月14日开奖活动正式举行，令伯克希尔公司感到幸运的是10亿美元大奖并未被抽走。如果某位幸运顾客真的抽到了10亿美元大奖，即便是分期付款，伯克希尔公司也要马上掏出数亿美元。放眼望去，能够马上拿出数亿美元现金的公司真没有几家。

　　巴菲特曾经说过，伯克希尔公司在保险方面的最大优势就是，公司拥有雄厚的现金实力做保证，几乎可以将所有风险独自承担下来，而不像大多数再保险公司，很多风险都要与其他再保险公司共同承担。这样风险自然小了，但与之相应的是利润也降低了。

自由现金流代表着真金白银

如果一个企业能够不依靠不断的资金投入和外债支援，光靠运营过程中产生的自由现金流就可以维持现有的发展水平，那么这是一个值得投资的好企业，千万不要错过。

巴菲特用 2.3 亿美元的现金流购买了斯科夫·费策公司，在 15 年时间里就赚取了 10.3 亿美元的利润。而这 10.3 亿美元，又被巴菲特投资到其他企业赚取了几十亿美元的利润。这也许就是为什么巴菲特会坚持认为自由现金流是真金白银的原因吧。

在巴菲特眼里，真正值得投资的好企业就是这样。在企业运转的过程中，企业自身就可以产生充沛的自由现金流，不用靠投资者后续投入，也不用靠企业负债经营，就可以实现稳定发展，甚至推动经营业绩和自由现金流的增长。

很多人经常预测分析宏观经济形势，根据国家政策和经济形势的变化来选择投资的股票。但巴菲特认为，拥有充沛的现金流是他选择企业时考虑的重要因素。宏观经济形势并不太影响他做出投资的决定。

巴菲特购买时思糖果就是一个典型的例子。1972 年当伯克希尔公司准备购买时思糖果公司的时候，巴菲特就听闻政府要对糖果实施价格管制，但他依然没有改变自己的决定。果不其然，当他购买后不久政府就实施了价格管制。可是巴菲特一点都不后悔。如今回头来看，如果当初伯克希尔公司因为政府实行价格管制而放弃时思糖果公司，那么一个绝好的投资机会就会与他擦肩而过。毕竟当初巴菲特以 2500 万美元购买的时思糖果公司，现在每年的税前利润高达 6000 万美元。

1987 年，巴菲特在给股东的信中提到，伯克希尔公司投资的 7 个主要的非金融行业企业，获得高达 1.8 亿美元的税前收入。就算扣除了所得税和利息，也还有 1 亿美元的净利润。这些企业的股东权益投资报酬率平均高达 57%，远高于账面价值增长率。之所以会出现这样的情形，巴菲特认为这与企业能够产生源源不断的自由现金流是密切相关的。

再比如巴菲特罕见的一次高科技投资案例，看重的也是其充沛的自由现金流。1999 年当巴菲特买入 TCA 电信时，巴菲特觉得其价格已经不太具有诱感力，但 TCA 电信每年 1 亿美元以上的自由现金流成功地吸引了巴菲特的目光。当然对于巴菲特来说，这依然是一次成功的投资。2005 年 COX 电信巨资收购了 TCA 电信，巴菲特大赚一笔后成功退出。

资金分配实质上是最重要的管理行为

在挑选投资的股票时，我们要注意观察企业的盈余资金流向。不同的企业管理层有不同的资金分配方式。运用巴菲特的资金分配法则来衡量你所选择的企业的资金分配是否合理。

巴菲特在 1983 年致股东的信里写道："我们非常希望可以通过直接拥有会产生现金且具有稳定的高投资报酬率的各种公司来达到

上述目标。如果做不到，我们只好退而求其次，让我们的保险子公司在公开市场购并这种公司或者买进这种公司的部分股权。保险公司为此付出的股票价格和投资机会所需要的资金，将会决定伯克希尔年度资金的配置。"

巴菲特这里所提到的目标，指的是股票的内在价值年增长速率，在不低于美国企业的平均水平下尽可能越来越大。而要实现这个目标，只有通过合理的资金分配才能达到上述目标。

如何分配公司的资金，是与公司所处的生命周期密切相关的。在公司发展初期，由于公司要设计和生产新产品以及开拓产品市场，需要大量资金，所以盈利产生的大多数资金自然会被继续投入公司运营中。当公司到了快速增长阶段，一般来说公司很难完全靠盈利的资金来支撑这种快速增长，大多数公司都会通过发行证券或者借贷资金来弥补资金缺口，这时候也不存在资金分配问题。当企业进入成熟期，企业的增长速度变慢，企业盈利资金收入将会高于其运营和发展所需的资金。这时候如何分配资金就是一个难题。

这时候，企业管理层有三种选择：一是继续把这些过剩的资金全部用于内部再投资；二是把这些剩余资金投资于其他公司；三是把这些剩余资金以股利形式返还给股东。

巴菲特认为，如果公司把这些资金用于内部的再投资，可以获得高于一般水平的证券回报，那么这时候最明智的选择就是把所有利润全部用来进行再投资；相反，如果再投资的投资报酬率低于一般水平，这时候再进行再投资实际上就是不合算的。如果公司管理层不重视这个现实，还一意孤行地进行内部再投资，要不了多久，公司的现金就会变成无用的资源，公司股价就会下跌。通俗地说，这样的投资越多，效益反而会变得越来越差。

很多公司经理人选择第二种投资方式：投资其他公司。通常这种投资行为就是收购其他公司。但巴菲特认为，这种收购交易大多是以过高的价格达成的，不是很划算。而且在公司整合的过程中还会出现很多意想不到的问题，也容易做出错误的决策，这样付出的代价有点大。

巴菲特觉得这时候最好的资金分配方式就是把利润返还给股东。这里有两种方式：一是提高股息，多分红；二是回购股票。巴菲特最赞同回购公司股票这种形式。

现金流不能只看账面数字

巴菲特告诉我们，不要完全信赖企业的会计账目。会计账目并不能完全体现整个企业的经营风貌。同样的道理，我们也不能根据股票的价格来判定股票的好坏，股票价格的高低并不能完全代表股票的价值。

1983 年巴菲特在写给股东的信里说："账面数字并不会影响我们投资企业或资金分配的决策。当购并成本相近时，我们更愿意选择那种依据会计原则未显示在账面上的两块钱盈余，而不是那种完全列示在账面上的一块钱盈余。这也是为什么我们常常愿意以更高的价格购买整个企业而不是购买企业的一部分的原因。长期来说，我们更喜欢这些依据会计原则不可列示的盈余能够通过长期资本利得反映在公司账面上。"

巴菲特认为，自由现金流是衡量企业内在价值的重要指标。但是要观察一个企业的自由现金流，不能仅仅看会计账本上的数字。

在巴菲特看来，一个有两元钱盈余却未显示在账面上的企业，比一个账面上有一块钱盈余的企业更具有吸引力。如果这两个企业的购并成本差不多，他更愿意购买那个有两元钱盈余却未显示在账面上的企业，就好像他更喜欢购买整个企业而不是企业的一部分一样。巴菲特觉得，卖家总比买家精明。不论买家花多大精力去了解企业，总不如卖家对企业了解。如果你购买企业的一部分，卖家很有可能会把那些账面上很漂亮但实际经营业绩不太好的那部分卖给你，而把真正赚钱的一部分留给自己。

就像前面提到的《水牛城日报》公司。如果单从账面数字来看，我们就会觉得这个公司和同行业内的其他公司的业绩水平相当，没有让人眼睛为之一亮。但是《水牛城日报》的大部分利润上交给了伯克希尔公司，而不是像其他公司一样留存着为未来做积累。《水牛城日报》的利润被伯克希尔公司用作再投资产生更高的回报率，可是这并不会在《水牛城日报》公司的账面上显示。

巴菲特觉得，人们不能过于信赖账面数字。如果过于信赖账面数字，有时候人们就会被账面上的乐观数据迷惑，而忘记危险会随时出现。很多保险公司就是这样，对迫在眉睫的损失处理过于乐观，看着账面上的盈利金额扬扬得意，但不知道也许只是一场飓风就可以让整个公司马上破产。和其他人的过度乐观相比，巴菲特总是非常谨慎。像伯克希尔公司旗下的保险公司 MedPro 公司就提取了非常充足的损失准备金，时刻以稳定安全作为企业发展的前提。

第五章

巴菲特教你挑选股票

>>>>>

选择成长股的 5 项标准

盈利才是硬道理

上市公司当期盈利质量的高低水平与公司经济价值的变动方向不一定是正相关的关系。公司当期的盈利质量可能比较高，但它的经济价值却正在下降；相反，公司当期的盈利质量可能比较低，但它的经济价值却正在上升。提前发现上市公司盈利质量的变化，对于控制投资风险是至关重要的。

巴菲特说："我想买入企业的标准之一是有持续稳定的盈利能力。"

公司盈利能力最终体现为股东创造的价值，而股东价值的增长最终体现为股票市值的增长。巴菲特在分析盈利能力时，是以长期投资的眼光来作为分析基础的，他强调说："我所看重的是公司的盈利能力，这种盈利能力是我所了解并认为可以保持的。"

巴菲特所选择的公司，它的产品盈利能力在所有上市公司中并不是最高的，但是，它们的产品盈利能力往往是同行业的竞争对手们可望而不可即的。

巴菲特并不太看重一年的业绩高低，而更关心四五年的长期平均业绩高低，他认为这些长期平均业绩指标更加真实地反映了公司真正的盈利能力。因为，公司盈利并不是像行星围绕太阳运行的时间那样是一成不变的，而是总在不断波动的。

在盈利能力分析中，巴菲特主要关注以下三个方面：

1. 公司产品盈利能力。巴菲特主要分析公司产品销售利润率明显高于同行业竞争对手，简单地说，就是公司的产品比竞争对手的更赚钱。

2. 公司权益资本盈利能力。巴菲特主要分析公司用股东投入的每1美元资本赚了多少净利润，即我们经常说的净资产收益率，巴菲特非常关注公司为股东赚钱的能力是否比竞争对手更高。

3. 公司留存收益盈利能力。这是管理层利用未向股东分配的利润进行投资的回报，代表了管理层运用新增资本实现价值增长的能力。对每1美元的留存收益，公司应该转化成至少1美元的股票市值增长，才能让股东从股市上赚到与未分配利润相当的钱。

公司产品的盈利能力主要体现在公司的销售利润率上。如果管理者无法把销售收入变成销售利润，那么企业生产的产品就没有创造任何价值。

由于巴菲特所投资的公司是那些业务长期稳定的公司，所以这些公司利润率的高低在很大程度上取决于公司的成本管理。巴菲特多年的投资经验表明，成本管理存在"马太效应"，高成本运营的管理者趋向于不断寻找办法增加成本，而低成本经营的管理者却总在寻找办法降低成本。

巴菲特认为，衡量一家公司盈利能力的最佳指标是股东收益率。高水平的权益投资收益率必然会导致公司股东权益的高速增长，相应导致公司内在价值及股价的稳定增长。长期投资于具有高水平权益投资收益率的优秀公司，正是巴菲特获得巨大投资成功的重要秘诀之一。

选择能持续获利的股票

投资者需要注意的是，只要中国经济和股市的未来看好，你就应该坚持长期投资的策略。作为一种中长期投资理财方式，投资者真正需要关注的是股票长期的增长趋势和业绩表现的稳定性，而应对这种特点的操作方式就是长期持有。表现优秀的公司，能在各种市场环境下都能保持长期而稳定的获利能力，好业绩是判断一家公司优劣的重要标准。

巴菲特说："我们喜欢购买企业，我们不喜欢出售，我们希望与企业终生相伴。"

并不是所有买入的股票都要长期持有，具有持续获利能力的股票才值得长期持有。巴菲特判断持有还是卖出的唯一标准是公司具有持续获利能力，而不是其价格上涨或者下跌。

巴菲特曾说："投资股票很简单。你所需要做的，就是以低于其内在价值的价格买入一家大企业的股票，同时确信这家企业拥有最正直和最能干的管理层。然后，你永远持有这些股票就可以了。"

既然是否长期持有股票由持续获利能力决定，那么衡量公司持续获利能力的主要指标是什么呢？

巴菲特认为最佳指标是透明盈利。透明盈利由以下几部分组成：报告营业利润，加上主要被投资公司的留存收益（按一般公认会计原则这部分未反映在公司利润里面），然后扣除这些留存收益分配给我们时本应该缴纳的税款。

　　为计算透明盈利，投资人应该确定投资组合中每只股票相应的可分配收益，然后进行相加。每个投资人的目标，应该是建立一个投资组合（类似于一家投资公司），这个组合在从现在开始的 10 年左右将为他带来最高的预计透明盈利。

　　作为一名投资者，你的目标应当仅仅是以理性的价格买入你很容易就能够了解其业务的一家公司的部分股权，而且你可以确定在从现在开始的 5 年、10 年、20 年内，这家公司的收益肯定可以大幅度增长。在相当长的时间里，你会发现只有少数几家公司符合这些标准，所以一旦你看到一家符合以上标准的公司，你就应当买进相当数量的股票。你还必须忍受那些使你偏离以上投资原则的诱惑：如果你不愿意拥有一只股票 10 年，那就不要考虑拥有它 10 分钟。把那些获利能力会在未来几年中不断增长的公司股票聚集成一个投资组合，那么，这个组合的市场价值也将会不断增加。

　　也许有人会问：那我们又如何能发现股票的获利能力呢？巴菲特认为，如果持股时间足够长，公司价值一定会在股价上得到反应。研究发现，持股时间越长，其与公司价值发现的关联度就越高：

　　（1）当股票持有 3 年，其相关性区间为 0.131 ~ 0.360（相关性 0.360 表示股票价格的变动有 36% 是受公司盈余变动的影响）。

　　（2）当股票持有 5 年，相关性区间上移至 0.574 ~ 0.599。

　　（3）当股票持有 10 年，相关性区间上升至 0.593 ~ 0.695。

这些数字反映了一个相当有意义的正相关关系，其结果也在很大程度上支持了巴菲特的观点，即一家公司的股票价格在持有足够长的时间后，一定会反映公司基本面的状况。但巴菲特同时指出，一家公司的获利和股价表现的相互影响过程通常不是很均衡，也无法充分预期。也就是说，虽然获利与股价在一段时间内会有较强的相关性，但股票价格何时反映基本面的时机却难以精确掌握。巴菲特表示："就算市场价格在一段时间内都能随时反映企业价值，但仍有可能在其中的任何一年产生大幅度的波动。"

选择安全的股票

1985 年，巴菲特在致股东的信里写道："或许你会认为法人机构、拥有高薪的职员和经验丰富的专业人员会成为金融市场稳定与理性的力量，那你就大错特错了，那些法人持股比重较大且持续受关注的股票，其股价通常都不合理。"

投资者在进行长线投资时，应选择安全性的股票，这类股票即使股价跌了也无妨，只要耐心等待，股价一定会再上涨的。

巴菲特在进行任何一种投资时，寻找那些他相信从现在开始的 10 年或 20 年的时间里肯定拥有巨大竞争力的企业。至于那些迅速变迁的产业，尽管可能会提供巨大的成功机会，但是，他排除了寻找的确定性。

股票投资是一种风险较大的投资，其风险的存在让你不得不首先考虑投入资金的安全性。股票投资风险来源于企业、股票市场和购买力三个方面，投入资金的安全与否取决于企业的经营状况。

作为普通投资者，为了确保投资安全，你最好先从不同的角度全面地分析了解企业的情况，尽可能地选择这样一些企业进行投资：基础扎实，资金雄厚，有持久发展趋势；企业规模宏大，经营管理水平先进，产品专利性强，商标知名度高，有较强的生产能力和市场竞争优势；企业资产分配合理，流动资金与流动负债保持合理的比率；盈利率高，有丰富的原料来源和广泛的市场，或者其股票是国家重点发展和政府积极扶植的股票。

以下是投资者需要注意的选择安全股票的技巧：

（1）公司业绩每年增长 15% 左右，这是我们选择股票的第一要求，要达到这个要求其实并不困难。中国的 GDP 年增长率每年可以达到 9% ~ 10%，而国内很多行业的增长速度远远高于这一水平，例如奶制品行业每年可以增长 30%，零售业可以增长 20%。

（2）除了看上市公司的历史业绩，一家优秀的公司还应具备：

①优秀的管理层。管理层包括公司的治理结构、管理能力以及管理团队等内容。

②时间足够长的成长或景气周期。这也是我们判断一家公司成长空间有多大的重要因素。

③企业的核心竞争力。核心竞争优势体现在：一是技术；二是管理；三是品牌；四是营销；五是成本控制；六是其他一些因素。

④所处的行业需求稳定增长，而不是暴涨暴跌的行业。

⑤有良好的业绩和分红记录。

⑥估值相对较低。主要考虑公司的成长性是否突出、是否持

续，成长预期是否合理。

（3）判断在中国具有投资价值的公司。首先，要与中国的宏观经济发展相呼应，在一个中短期内受益于"十一五"规划；其次，受益于人民币升值，其资本、人力、产品价值都会因此得到提升；再次，重大题材带来投资机会；最后，实质性资产重组。

（4）综合评估这几个方面，把同类型、同行业的公司加以仔细分析，货比三家，最后在一个合理的价位做出投资决策。

发掘高成长性的股票

在投资过程中，投资者要重视具有高成长性的股票。成长股并不是一成不变的，投资者要根据实际情况更换成长股。

1994年，巴菲特在致股东的信里写道："如果你拥有的是企业中的'天然钻石'，无论股票价格如何波动，无论波动的幅度多大，无论经济景气的循环如何上上下下，长期而言，这类优良企业的价值必定会继续以稳定的速度成长。"

巴菲特认为，投资者在选择股票投资时，一定要尽量发掘具有高成长性的股票。一般来说，高成长性的公司盈利迅速增长，扩张性极强。投资于这类股票往往可以将你的选股风险化为无形，保证投资者获得超额的利润。

美国的"成长投资理论之父"费舍特别崇尚成长股，在他的代表作《怎样选择成长股》中，费舍开宗明义地指出："投资者不论出于何种原因，通过什么方法，当他购买股票时，目标只有一个，寻找成长股。"按照他的解释，假如你用 800 万美元买下市场价值为 1000 万美元的公司股票，如果你以当时的市场价格出售，那么，你将获利丰厚。但是，如果公司的经营状况很差，并且你在 10 年后才出售，那么，你的收益可能在平均水平以下。他说："时间是优秀公司最好的朋友，是平庸公司的敌人。"除非你能帮助清算这个效益很差的公司并从公司的市场价值和购买价格的差价中获利，否则，你的收益将和这家业绩很差的公司一样悲惨。所以，投资者在选股时应研究上市公司的成长性，做到去伪存真，去粗取精，牢记成长是"金"。

一般来说，具有高成长性的企业，具有以下三个方面的特点：

1. 公司的产品或所提供的服务具有广阔的发展前景

任何一个行业都有一个从成长到衰退的过程，必须抓住当前正处于成长性的行业。进入 21 世纪，国内的互联网、电子仪器等高科技产业均属于成长性行业。政府的扶持会使某个行业和地域的企业快速成长。国家扶持企业的措施有多种，如各项税收、物价、银行信贷的优惠政策，赋予直接融资功能、优良资产的注入等。

2. 公司有值得投资的利润回报率

从投资者的立场来看，销售只有在增加利润时，才有投资价值。如果一个公司多年的销售增长没有带来相应的利润增长，那么该公司就不是最佳的投资对象。考察利润的第一步是分析测算公司的利润率。投资者可以测算每 1 元钱的销售能够实现多少经营利润。进行这样的测算，必须以连续多年的数据为基础。一般而言，那些多年来利润较高的公司其利润总额也较大，它们所在的行业总体上是业绩相当突出，呈现出繁荣景象。低成本运营的公司，在景气年头，利润率也有所增加，但幅度不是很大。

3.企业在新基础上运营，原料市场和产品市场无重大变故

新项目运营的提前发现，可以使投资者及时发现企业的利润增长点，进而使股票投资在较短的时间内获得较大的收益。国内高科技新项目的投产使其利润大增就是明显的例子。原料市场的变化使轮胎得以降低单位产品原材料成本，经济效益大幅度提高。而产品市场的变动给企业成长带来的推动作用更是不可低估。比如铜、铝、锌等资源性产品一旦在全球范围短缺，企业的利润就会直线上升。中国加入世界贸易组织会促进我国产业优势明显的纺织业、轻工业企业的发展，同时给金融、外贸、仓储业带来难得的机遇。

成长性企业的相似性

投资者要投资公司必然选择优秀的公司，这毋庸置疑。但是优秀的标准是什么，很多人都持有不同的观点。在巴菲特看来，优秀的公司都是相似的。

具有持续竞争优势和优秀的管理层。不管哪一个公司，只要具备这两点优势，投资者就可以进行投资。一般来说，投资的风险很小，而且投资的回报率很高。

巴菲特在1994年致股东的信里写道："我们的投资组合持续保持集中、简单的风格，真正重要的投资概念通常可以用简单的话

语来做说明，我们偏爱具有持续竞争优势并且由才能兼备、以股东利益为导向的经理人所经营的优秀企业。只要它们确实拥有这些特质，而且我们也能够以合理的价格买进，那么投资出错的概率可说是微乎其微。"

巴菲特认为，一家公司想要具有良好的发展前景，就一定要具有持续的竞争优势。而这持续的竞争优势，主要体现在顾客对产品的满意度上。就像可口可乐公司，几十年里销售的产品几乎都一样，在可乐的行业中具有非常高的满意度。在巴菲特看来，如果一家公司经常改变自己的经营产业，那么这家公司很难具有持续的竞争优势。一方面来说，频繁地改变经营方向，就很容易在重大决策上失误。一旦失误，就会给公司造成巨大的创伤。

另一方面，频繁地改变经营方向，公司就比其他先进入该行业的公司起步晚。如果想要超越同类型产品成为该行业主导，那么公司需要付出非比寻常的努力，而且努力了也不一定就会成功，因为其他同行也会努力避免被超越。例如成功的餐厅都有自己的特色，如便利的快餐店、优雅的西餐厅、特别的东方食物等。

这些特色可以吸引爱好该特色的潜在客户群，如果餐厅的服务、菜色和价格都非常好，顾客就会从心里认可这种特色，然后不断地登门用餐，甚至还会为餐厅免费宣传。但有的餐厅不明白这个道理，经常改变自己的特色，一会儿是法国美食，一会儿又是四川菜馆，最终会竹篮打水一场空，既失去了原有的老顾客，也没有招揽到新顾客，很快就在餐饮业中一蹶不振。

/ 第二节
挑选经营业务容易了解的公司股票

业务是企业发展的根本

企业要发展，业务是根本。具有发展前景的业务是企业的饮水之源。投资者进行投资时，一定要首先观察企业的业务，然后再考虑其他因素。

巴菲特在 1989 年致股东的信里说："从这里我们又学到了一个教训：只有优秀的马搭配技术高超的骑士才能取得好成绩。如果马不好，再厉害的骑士也没有办法。像伯克希尔纺织公司也是有才能的人在管理，但很不幸的是他们面临的是流沙般的困境。如果将这些人放在资质更好一些的公司，我相信他们应该会有更好的表现。"

巴菲特认为，判断一家公司是否优秀，首先要分析的就是公司的业务。只有拥有好的业务，公司才能够有更好的发展。

很多人觉得公司中最重要的就是管理层。他们觉得一家公司只要拥有足够优秀的管理层，就可以转亏为盈，好上加好。以前巴菲特也这么觉得，后来经过伯克希尔纺织公司的教训后，巴菲特开始意识到一家公司最重要的是业务。业务就像赛马场里的马，管理层就像赛马场的骑士。如果想要在赛马场上赢得比赛，先决条件是必须有一匹好马。优秀的马配上技术高超的骑士，能够取得非常优秀的成绩；优秀的马配上技术一般的骑士，也能够取得比较不错的成绩；如果没有一匹好马，再优秀的骑士也无法发挥他们的本领，就像巧妇难为无米之炊一样，最终的结果只可能是成绩不好，而且还坏了骑士的好名声。

巴菲特生平投资的第一个错误就是买下伯克希尔纺织厂。而巴菲特犯错误的主要原因就是当时巴菲特没有把公司的业务看得很重要。其实当时巴菲特已经觉得纺织业是个高度竞争的行业。即便改进机器会促使商品生产率大幅提升，但好处只会落在客户身上，而厂家捞不到一点好处。在经济繁盛的时期，纺织业只能赚取微薄的利润。而在经济衰退期，纺织业就只能赔钱。虽然巴菲特也任命了非常出色的管理层，可还是无法扭转乾坤。最终因为长期亏损，巴菲特不得已关闭了伯克希尔纺织厂。巴菲特后来这么描述他对伯克希尔纺织厂的投资："首先我所犯的第一个错误，当然就是买下Berkshire Hathaway 纺织的控制权，虽然我很清楚纺织这个产业没什么前景，却因为它的价格实在很便宜而受其所引诱。"

巴菲特收购斯科特公司也说明了业务的重要性。1986 年，伯克希尔公司收购斯科特公司时，该公司拥有 22 个不同的业务，主要业务是世界百科全书、寇比吸尘器和空气压缩机，当时账面价值为 1.726 亿美元。伯克希尔公司花了 3.152 亿美元收购了该公司。也就是说伯克希尔公司用 1.426 亿美元的溢价购买了斯科特的业务价值。后来的事实证明巴菲特的眼光没有错。被伯克希尔收购后，斯科特公司的经营业绩越来越好，原来就很高的股东权益报酬率又有了新的突破，让伯克希尔公司赚取了丰厚的回报。巴菲特后来非常自豪地说，通过支付这些溢价能够收购到一家业务简单易懂、发展前景良好的公司是非常值得的。

不要超越自己的能力圈边界

既然连"股神"巴菲特都无法精通所有行业，那么我们普通投资者也不必为了自己无法了解所有行业而沮丧。只要我们坚持只在我们的能力圈范围内投资，我们的投资风险就会更小，获得丰厚回报的可能性就更大。

巴菲特 1996 年在给股东的信里说："投资者真正需要的是有正确评估所投资企业的能力，并不需要成为每个行业都懂的专家。投资者只需在你自己的能力圈范围内正确评估几只股票就够了。每个人的能力圈有大有小，但大小并不重要，重要的是知道自己的能力圈边界在哪里。"

由于每个人的生活经验和知识能力有限，所以谁也不可能成为每个行业都知晓、每个行业都精通的专家。有些人觉得因为自己不了解所有行业才投资失败，但巴菲特觉得，是否了解所有行业的发展状况并不重要，关键在于你要在自己熟悉的能力圈内投资。只要你的投资范围不超越自己的能力圈边界，那么懂不懂其他行业的知识对你的投资一点都没有影响。其实投资者要做的很简单：首先了解自己熟悉哪些行业，确定自己的能力圈范围有多大，然后在能力圈的边界内寻找具有投资价值的企业，在合适时机买入。

业务内容首先要简单易懂

经营业务越简单的企业，越可能具有持续竞争优势。在选择投资企业时，投资者最好先从那些业务简单易懂的企业下手。

1996 年，巴菲特在致股东的信里写道："作为一名投资者，我们要做的事情很简单，就是以合理的价格买进一些业务简单易懂又能够在 5 ~ 10 年内持续发展的公司股票。经过一段时间，我们就会发现能够符合这样标准的公司并不多。所以一旦你碰到这样的公司，那就尽自己所能买最多份额的股票。当然在这期间，你要尽可能避免自己受到外界诱惑而放弃这个准则。如果你不打算持有一家公司股票 10 年以上，那就最好连 10 分钟都不要拥有它。当你慢慢找到这种盈余总能积累的投资组合后，你就会发现其市值也会跟着稳定增加。"

巴菲特认为，越是具有持续竞争优势的企业，其经营业务通常都越简单易懂。投资者在选择投资的企业时，最好选择业务简单易懂的企业。他认为，投资者成功与否，与他是否真正了解这项投资的程度成正比。这一观点是区分企业导向和股市导向这两类投资人的一个重要特征。后者仅仅是购买了股票，打一枪换一个地方。

巴菲特之所以能够保持对所投资的企业有较高程度的了解，是因为他有意识地把自己的选择限制在他自己的理解力能够达到的范围。巴菲特忠告投资者："一定要在自己能力允许的范围内投资。"

有人认为，巴菲特给自己设置的这些限制，使他无法投资于那些收益潜力巨大的产业，比如高科技企业。也有很多人纳闷：简单易懂的业务，人人都能做，怎么还能够产生高额利润呢？在巴菲特看来，非凡的经营业绩，几乎都是通过平凡的事情来获得的，重点是企业如何能够把这些平凡的事情处理得异乎寻常地出色。通俗地说，就是在平凡的事情中实现伟大的成就。像这些优秀的企业，它们几十年来只专注于某一领域，自然就有更多的时间和资金来改善生产技术、服务、生产设备等，它们的产品自然也会变得更加优秀。而且，它们的产品年代越久，就有越多的人了解它们，它们的品牌效应就会越明显。

业务简单易懂是巴菲特对投资企业的要求之一。在巴菲特的投资生涯中，大多都是业务简单易懂又极具持续竞争优势的企业。可口可乐公司就是一个典型的例子。可口可乐公司的业务非常简单：可口可乐公司采购原料后，制成浓缩液，然后卖给装瓶商。装瓶商再把这种浓缩液和其他成分配合在一起，制成可口可乐饮料卖给零售商。就是这么简单的业务，让可口可乐公司每年赚取了巨额利润。就连遭遇金融危机的 2008 年，可口可乐公司都获得了高达 58.1 亿美元的利润。

第六章

巴菲特教你做交易

>>>>>

/ 第一节
如何判断买入时机

要懂得无视宏观形势的变化

很多普通投资者在面对一个问题的时候，总是从宏观推向微观，认为根据这个国家甚至国际经济走势一定能预测出来一些市场方向。但巴菲特说："我不关心宏观的经济形势。在投资领域，你最希望做到的是搞清楚那些重要的，并且是可以搞懂的东西。"实际上，有的时候大势好未必对你好，大势不好未必对你不好。

巴菲特1998年在佛罗里达大学商学院演讲时说："我不关心宏观经济形势。在投资领域里，你最需要做的应该是弄清楚哪些重要，并且认清可以搞懂的东西。对于那些既不重要也很难懂的东西，把它们忘记就对了，如果你认为你所讲的是重要的，但是很难彻底弄明白。我们从来没有靠对宏观经济的感觉来买或不买任何一家公司。我们根本不去在乎那些读不懂的预估利率、企业利润等，因为那些预估真的无关紧要。"

巴菲特经常逆宏观形势而动，例如他在1972年买了时思糖果，虽然从那以后的不久政府就实施了价格管制，股价也随之狂跌，但是巴菲特仍然继续买进，并不为所动。然而事实证明，这个生意给了他很大的赚头，因为伯克希尔只花了 2500 万美元，然而时思糖果现在的税前利润却高达 6000 万美元。

再比如，在巴菲特眼中，他认为通货膨胀并不是简单的经济现象。关于这一点他是从四个方面来理解的：

（1）从国内看，通货膨胀是过多地增加货币供应造成的。只有当货币的发行量严重超过商品流通中实际货币的需求量时，才会形成通货膨胀。由此可以看出，在一定程度上可以说通货膨胀是政府行为的作用结果。如果不对政府的发行行为进行约束，那么通货膨胀就不可能根本消除。而美国政府的开支一直没有严格的限制，这使得要消灭通货膨胀几乎是不可能的。所以巴菲特始终认为通货膨胀从某种程度上讲更是政治现象。

（2）从国际角度看，国与国之间的贸易交流，无论是在古典经济学的理论角度还是现代的西方经济学的理论中，都是无法避免的。只要有国际贸易，那就可能有贸易的顺差和逆差。顺差的情况一般比较好解决，但是一旦形成逆差，国家就可能会利用通货膨胀来抵制这种经济上的压力，而这点也是令巴菲特忧心的。尽管这是政府的对策行为，但却对经济产生了重大的影响。这种形势下采用的通货膨胀这一手段对本国经济的损害也不小。

（3）从投资者角度来看，通货膨胀对投资人的影响是很大的。通货膨胀率的高低就等于手中握有现金的实质价值损失幅度。假设通货膨胀率是 25%，实质购买力就减少 25%。在此时，巴菲特认为，起码要获得 25% 的投资报酬率，才能使实质购买力维持不变。

（4）除了以上不好的方面，从另一个角度看，通货膨胀中也存在着机遇。例如伯克希尔在 1972 年付出约 2500 万美元买下时思公司，相当于 8% 的税后回报率，和当年度的政府公债所提供的 5.8% 回报率相比，时思的税后回报率 8% 显然不差。巴菲特又正是在通货膨胀中得到了好处。

当然，对于巴菲特来说，通货膨胀肯定不会是个好的合作伙伴。它的复杂多变，对于任何一个投资者来说都是一项艰巨的挑战。虽然它具有两面性的后果，但是没有几个人能从其中获得高额的利润。相比之下，巴菲特更喜欢平稳状态下发展的企业，因为稳定的市场经济状态才能够给他更切实稳定的利益回报。

如果你不能从通货膨胀中获利，你应该寻找其他方法以避开那些会被通货膨胀伤害的公司。通常说来，需要大量的固定资产来维持经营的企业往往会受到通货膨胀的伤害；需要较少的固定资产的企业也会受到通货膨胀的伤害，但伤害的程度要小得多；经济商誉高的企业受到的伤害最小。

判断股票的价格低于企业价值的依据

我们不是天才，也不完美，所以弄清自己所购买的每家企业的安全边际十分重要。如果得不到符合安全边际的价格，我们就不买。安全边界会使你在方法得当时大赚一笔。而当情况不妙时，它又会使你免受损失。

巴菲特在 1997 年给股东的信里写道："即使，我们从来都试图尝试预测股市的动向，但是我们还是试着去评估股票的合理价位，在去年的股东会上，当时的道琼斯指数大约为7071点，长期公债的利率为6.89%，查理和我曾经表示，假如能够符合其一利率维持不变或继续下滑，其二美国企业能够继续维持现有高股东的权益报酬率这两个条件的话，则表示股市并未被高估。

"然而，依目前的情况来看，利率确实又在下滑的过程中，这一点算是符合其中一个条件的，但是另一方面，股东的权益报酬率却仍然维持在高档。也就是说，如果这种情况还会持续下去的话，同时利率也能维持现状，则没有理由再去相信股市处于过于被高估的状态；不过从保守的角度来讲，股东权益报酬率维持在现有的水平也是很难达到的。"

巴菲特的主要思想是在价格具有商业价值时买入优质企业。怎样才具有商业价值呢？在巴菲特看来，具有商业价值是指投资能带给你最大的预期年复利收益率和最小的风险。巴菲特在这方面之所以比其他投资经理更胜一筹，原因在于他把自己看成公司的所有者，进行的是长期投资，而不像华尔街其他投资专家，关注的是短期投资。

如何发现股票价格低于价值还是高于价值呢？这里，巴菲特运用了他的导师格雷厄姆的"安全边际"法则，即寻找价格与价值之间的差价，差价越大时买入，"安全边际"越大，风险越小。这是巴菲特永不亏损的投资秘诀，也是成功投资的基石。

但是并不是所有的投资者都能理解并且正确利用巴菲特的这种估值方法。举个例子来说，股民小王一直都以价值投资者自称，尤其对"安全边际"法则坚信不疑，他一直都把"内在价值大于价格，就有了安全边际"这句话挂在嘴边。2007年10月，某分析师推荐煤炭股，小王思考了一下："煤电的价格到了冬天应该还会往上涨，现在的内在价值肯定很高。"于是，以68元的价格买入了当时走势红火的西山煤电。由于自信有"安全边际"的保障，小王心中就有底，于是按照巴菲特的教导，在"安全边际"以下就大胆进行了操作。越跌越买，一路补仓，结果却只能眼巴巴迎来了该股32元的"底部"，尽管他一再补仓，现在的平均价位也仍在50元左右，深套其中。

实际上他并没有完全理解"安全边际"的意义，这也是大多投资者常会犯的错误，"安全边际"法则的含义，像购买价廉物美的商品一样，即用比实际价值更便宜的价格买入好股票。

"安全边际"这个概念听起来很高深，其实很简单，就是寻找价格大大低于内在价值的质优价廉的便宜货。买便宜货的道理我们谁都懂，但股票毕竟不同于衣服，普通投资者怎么能认定，它的价格到底是高估了还是低估了？明明价格已经脱离价值了，还以为有"安全边际"，那就糟了。比如有人这样计算南方航空的内在价值，他把南航的每架飞机都拆成零件，然后把价格进行全部的加和，除以总股本后，和股价做个对比，衡量股价是高了还是低了，尽管这种方法有点极端，但是也不失为一个有效的方法。

此外，在你进行"拆飞机"之余，还有几个指标可以用来作为参考。一是市盈率，通常情况下蓝筹股要低于10倍，周期性股票低于5倍的情况下，存在着安全边际。二是每股净资产，这是一个最为稳妥的指标，一旦股价跌破每股净资产，理论上就是"打折"。在中国的A股市场上存不存在这样的打折股呢？巴菲特告诉你：每等一个周期，就肯定会有。事实上，2005 年时 A 股里"打折股"比比皆是。

基于"安全边际"的价值投资策略是指投资者通过公司的内在价值的估算，比较其内在价值与公司股票价格之间的差价，当两者之间的差价达到安全边际时，可选择该公司股票进行投资。

买入点：把你最喜欢的股票放进口袋

投资者需要明白的关键的一点是，当你还没有投资的时候，不要感觉你应该投资的时候到了。一旦对该股票充满了信心的时候，你自然会做出越来越少的买卖决定。不管你购买什么公司的股票，在没有完全掌握公司的情况之前，绝不要轻易地购买，并且对于已经看好的公司，要衡量它合适的买入价位。

巴菲特在 1988 年给股东的信里写道："以早餐麦片为例来说，它的资产报酬率是汽车保险业的一倍，麦片公司经常都在调整产品的售价，即便是在生产成本没什么变化的情况下，消费者仍然没有任何抱怨。如果要是换成保险业者，就算只是反映成本稍微调整一下价格，投保的客户就会生气地跳起来。所以如果你识相的话，最好卖掉高价的麦片，而不是低价的汽车保险。"

巴菲特有很强的识别力，他能够抵制住在当时看来非常有诱惑力的股票。只有在股价的合理价位，并且具有很好的投资的潜力，他才会购买。但是，巴菲特绝对不允许自己随波逐流地去购买那些只是由于价值被低估才具有投资价值的股票。

1999年初，巴菲特拥有35亿美元的现金和伯克希尔公司的债券。当时他对此感到非常满足，因为这些财富已经相当于很多小国家国民生产总值的总和了。他的打算是长期持有这些财富，直到发现有值得购买的投资标的时才出手。而与他有鲜明对照的是，大多数投资者有一种心理上的需要，就是想让他们手里的闲散的资金立刻发挥作用。他们没有耐心去等待所有喜爱的股票的股价下降，而是在没有考察一些公司基本财务状况的前提下，就买进了一些品质比较差的股票，结果可想而知。

巴菲特为了避免这些错误，会先鉴定那些在几年后他想拥有的所有股票，然后在某个合适的时机购买，但是只在这些股票的价格降到非常有吸引力时才会购买。如果股票的价格没有降到他所希望的价格，那么他就会把注意力转到合适价位的公司。

具体确定买入点的方法是：

名称	价格（美元）	欲购买价格	点评
美国运通	135	100	不够便宜
阿姆根公司	65	45	太贵了
思科系统公司	130	小于60	下挫风险太大
联邦快递	33	小于40	现在可买入
通用电气	135	135	现在可买入
保洁公司	65	小于85	准备买入

这种分析方法的一个很明显的好处就是强迫你时刻保持警惕。在购买之前，就必须确定这个公司的合理的价值。

好公司出问题时是购买的好时机

对于我们而言，最好的投资机会是一家优秀的公司遇到暂时的困难时，当它需要进行手术治疗时，我们就买入，这是投资者进行长期投资的最好时机。

巴菲特 1989 年在给股东的信里写道："我们同样面临着一项挑战，就是在有限的世界里，任何高成长的事物都会最终自我毁灭，如果成长的基础比较薄弱，那么这项定律也会被暂时打破，但是当基础膨胀到一定程度的时候，高成长就会结束，高成长最后终有一天会被自己所束缚。"

上面这段话，巴菲特明确地指出了无论多么优秀的公司都不会一直呈高成长的状态，总有一天这种成长会被打破，然而如果是一个好公司的话，当它出现问题的时候，反而是很好的买入时机。

巴菲特喜欢在一个好公司因受到质疑或误解干扰，而使股价暂挫时进场投资。虽然一个人不能预测股市波动，但几乎所有对股票市场历史略有所知的人都知道，一般而言，在某些特殊的时候，能够很明显地看出股票价格是过高还是过低了。其诀窍在于，在股市过度狂热时，只有极少的股票价格低于其内在价值的股票可以购买。在股市过度低迷时，可以购买的股票价格低于其内在价值的股票如此之多，以至于投资者因为财力有限而不能充分利用这一良机。市场狂跌是以较大"安全边际"低价买入股票的最好时机。

巴菲特有时会买下一家前景似乎暗淡的企业。19 世纪 60 年代末，他在美国运通银行发生"色拉油丑闻"事件后，出资吃下该银行的股份，并于 20 世纪 70 年代，他买下了 GEICO 公司，20 世纪 90 年代初期，买下威尔斯法哥银行。

巴菲特这么做的原因就是，市场上大多充斥着抢短线进出的投资人，而他们为的是眼前的利益。这就是说，如果某公司正处于经营的困境，那么在市场上，这家公司的股价就会下跌。这是投资人进场做长期投资的好时机。巴菲特能够慎思明辨，分清何者为真、何者只是表面上看起来真，巴菲特将这个特殊的分辨力运用于股市，专门购买不受欢迎的好公司股票。巴菲特喜欢在一个好公司因受到疑云、恐惧或误解干扰，而使股价暂挫时进场投资。

巴菲特在 1996 年伯克希尔公司股东手册中指出，市场下跌使买入股票的价格降低，所以是好消息。"我们面临的挑战是要像我们现金增长的速度一样不断想出更多的投资主意。因此，股市下跌可能给我们带来许多明显的好处。"

"首先，它有助于降低我们整体收购企业的价格；其次，低迷的股市使我们下属的保险公司更容易以有吸引力的低价格买入卓越企业的股票，包括在我们已经拥有的份额基础上继续增持；最后，我们已经买入其股票的那些卓越企业，如可口可乐、富国银行，会不断回购公司自身的股票，这意味着，它们公司和我们这些股东会因为它们以更便宜的价格回购而受益。总体而言，伯克希尔公司和它的长期股东们从不断下跌的股票市场价格中获得更大的利益。对伯克希尔公司来说，市场下跌反而是利好消息。大多数人是对别人都感兴趣的股票感兴趣。但没有人对股票感兴趣时，才正是你应该对股票感兴趣的时候。越热门的股票越难赚到钱。只有股市极度低迷，经济界普遍悲观时，超级投资回报的投资良机才会出现。"

抛售股票，止损是最高原则

牛市的全盛时期卖比买更重要

巴菲特强调要长期持有，如果一些公司一直保持其竞争优势，那你就不要卖出它们任何一家。道理很简单，你持有它们越久，你获得的税后回报率就越多。但在三种情况下，卖出也是有利的选择：第一种情况是当你需要资金投资于一个更优秀的、价格更便宜的公司时；第二种情况是当这个公司看起来将要失去其持续性竞争优势的时候；第三种情况在牛市期间股价远远超过了其长期内在经济价值时。一个简单法则：当我们看到这些优质公司达到40倍甚至更高的市盈率时，就到该卖出的时候了。

1999年巴菲特在《财富》杂志撰文道："美国投资人不要被股市飙涨冲昏了头，因为股市整体水平偏离其内在价值太远了。我预测美国股市不久将大幅下跌，重新向价值回归。"

巴菲特上面这段陈述，提醒了投资者在股市的全盛时期，一定要看清楚市场的状态，不要被市场强烈的投机气氛冲昏了头脑，在大家都热火朝天地沉浸在股价的上涨带来的喜悦的同时，市场的风险已经越来越高了。当市场膨胀到一定状态，出现泡沫时，离泡沫破碎的时候也不远了。一旦股市情形大转，没人能预料会跌到什么地步，而等到股票价值再次调整又要一定的时间，并存在潜在的风险。你掌握在手中的相对不是很优秀的股票就根本体现不出它的价值，与其握在手中，不如卖掉它。

1969年，随着20世纪60年代美国股市的狂飙突进，巴菲特解散了合伙人企业。进入1972年时，伯克希尔保险公司的证券组合价值一亿一百万，其中只有1700万投资于股票。

1987年，道琼斯指数是让人大开眼界的2258点，正是牛市的全盛期，巴菲特认为股市是个危险地带，于是卖掉了大多数股票。

在2005年致股东的信中，巴菲特自责道："从我们最早买进这些股票后，随着市盈率的增加，对这些公司的估值增长超过了它们收益的增长。有时这种分歧相当大，在互联网泡沫时期，市值的增长远远超过了业务的增长。在泡沫期间我对令人头晕目眩的价格啧啧称奇，却没有付诸行动。尽管我当时声称我们有些股票的价格超过了价值，却低估了过度估值的程度——在该行动的时候我却只是夸夸其谈。"

在牛市的全盛时期，股市上的股票价格大都在上涨，此时股票价格偏离价值越来越远。尽管这种状态符合了投资者想要获取利润的心理。但是，股市整体水平就会偏离内在价值越来越远。这样的股市行情，也很容易让人辨认不清公司股票的真正价值，越是涨得快的股票越可能是大家不熟悉的品种。股市不久将下跌，重新向价值回归。在这个时期，大家都会存在跟风的心理。市场的盲目性、求利性就凸显得更加厉害，股票牛市的整个大状态的形成就不可避免。而一旦股市冷却，整个急速降温的市场状态又会对股价产生巨大影响。优秀公司股票价格有时候也不能幸免。这样，投资者的利益必然要受到影响，为了避免造成过大的损失和影响，卖出一部分股票，也是合理的。当股市大盘和个股一涨再涨，潜在的风险也在酝酿之中了。

理智的投资者一定要和市场保持一定的距离。因为市场是变幻莫测的，若你想靠市场上的股价变化来投资，那将十分冒险。绝对不能人云亦云，尤其是在市场发展到全盛期，股市出现了泡沫时，你的投资必须更加理智。往往这个时候的卖出决定比买入的决定更理智。否则，当你发现买入的是个随时存在风险的不定时炸弹时，那么你的财产也就保不住了。

所持股票不再符合投资标准时要果断卖出

投资标准不完善或没有自己的投资标准时，投资者显然无法采用退出策略，因为他无法判断一个投资对象是否符合他的标准。另外，他在犯了错误的时候也不会意识到自己的错误。可见，制订投资标准有多重要。

巴菲特说过："我最喜欢持有的一只股票的时间期限是永远，但需要强调的是，我们不会仅仅因为股份已经增值，或因为我们已经持有了很长时间而卖掉它们。"

巴菲特一直都是坚持长期持股的，但事实上他认为只有极少数的股票才值得这样做。经济学家会告诉你买入的绝大多数股票都是为了卖出，否则你永远不可能得到最大的利润回报。同理，在投资股票时，每个投资者也都该清楚这个道理。不然，你买入的应该是不动产，而不是股票。可卖出的时候也需要诀窍，卖什么样的股票、什么时候卖、卖多少，都是你要深思熟虑的问题。巴菲特认为，要卖出，首选就是投资对象不再符合自己的投资标准的股票。

巴菲特在1986年年报中公开声明，希望永久保留三种持股：大都会、ABC公司、GEICO和《华盛顿邮报》。但在迪士尼收购了ABC之后，迪士尼在网络繁荣中挥金如土，拖了发展的后腿，巴菲特从1998年开始减持，1999年几乎把迪士尼股票都出售了。

巴菲特在2006年的股东大会上说："报纸仍然是很赚钱的，特别是与投入的有形资产相比，但其发展前景与二三十年前相比就不如当时乐观了。读者数量在减少，长期而言会侵蚀报刊行业的效益。我们仍然持有World Book（百科全书公司），我们曾以每套600元的价格售出了30万套。问题是，随着互联网的发展，不再需要装帧和递送图书，人们就能在网上搜罗获取同样丰富的信息。不是说产品本身不再值此价钱，而是说人们有其他办法了。我看不出有什么事情能够改变这种趋势。"巴菲特认为，报纸和其他媒体行业的本质已经发生改变，但股票价格还没有反映这一点就有点让人担心了。巴菲特很可能会卖出《华盛顿邮报》和World Book等报刊类公司。

巴菲特在推出时机的把握上主要遵循四个原则。一般他会参考这四项中的一种或几种。一是当投资对象不再符合标准时；二是当他预料某个事件发生时，当他做收购套利交易时，收购完成或泡汤的时候就是他退出的时候；三是他的目标得以实现时；四是在他认识到犯了一个错误时。

找到更有吸引力的目标时卖掉原先的股票

在发现所持股已经失去原来的吸引力的时候，果断地抛出，寻找下一个足以让你心动的目标。利益最大化的增长是每个投资者都希望的。当你寻找到更有吸引力的公司时，它很可能比原来你所投资的项目更加适合你，而这时，任何人都会倾向于选择有吸引力的一方。

巴菲特说："不管你在一笔投资中投入了多少时间、精力和金钱，如果你没有事先确定退出的策略，一切都可能化为乌有。"

巴菲特上面这段文字，再一次强调了卖出的重要性。我们大家都知道选股和买入时机的重要性，但是往往却忽视退出时机的重要性，无论你选择了多么优秀的一只股票，一旦你发现它不再像开始时那么具有吸引力时，要坚决卖出。

1991年，巴菲特的伯克希尔—哈撒维公司投资近2.5亿美元购买了3127.4万股吉尼斯公司的股票，占吉尼斯公司股份总额的1.6%。当时，吉尼斯公司是全球最大的生产和销售名酒饮料的公司，是英国第四大出口商和第十一大公司。但是对于这只股票，到1994年的时候他就果断地卖掉了，因为它已经没有盈利空间了。

早在2003年4月，正值中国股市低迷徘徊的时期，巴菲特以约每股 1.6~1.7 港元的价格大举介入中石油 H 股 23.4 亿股，这是他所购买的第一只中国股票，也是现有公开资料所能查到的巴菲特购买的唯一一只中国股票。但是令人不解的是，11 亿股中石油 H 股，15 元左右几乎全部出尽，而且是在油价创出持续新高和中石油马上就要增发 A 股的内外利好背景下，"股神"巴菲特的做法就是与众不同。既然巴菲特认为中石油是家好公司，为什么要把股票卖掉呢？首先，石油的价格是重要的依据，因为石油企业的利润主要依赖于油价，如果石油在 30 美元一桶时，情况很乐观；如果油价到了 75 美元，不是说它一定就会下跌，但至少情况并没有那么乐观了。巴菲特买入中石油和卖出中石油，一个很重要的原因是油价。当石油价格较低的时候，他认为石油价格将会上升，石油公司自然会从中受益，所以他买入了中石油；而当石油价格很高的时候，他认为油价继续上涨的可能性较小，那么，石油公司的利润再要大幅增长将会很困难，所以选择了卖出股票。

　　巴菲特不断用他投资时所使用的标准来衡量他已经入股的企业的质量。如果他的一只股票不再符合他的某个投资标准，他就会把它卖掉，并不会考虑其他因素。巴菲特认为，目前中国股市的涨幅已经很大，而人们还在不顾风险争相入市。正因如此，他卖中石油股票时没有丝毫犹豫。

　　巴菲特在遇到更有吸引力的公司的时候一定会抛出那些相对来说吸引力低的股票。因为只有这样才能将投资优化，用最少的精力挣回最多的钱。要知道投资的目的并不是要买到全部价格在增长的股票，而是要合理配置自己的精力和资源，在自己的能力范围内，得到最大化的回报。当然，有些投资者的做法是倾向于把资金投放在多个公司的股票上，但事实上，这种做法不一定比投放在几个集中的股票上更明智。过多分散的投资也就代表过多的风险。

巴菲特设立止损点

作为投资者，每一次买进前要确定三个价位，即买入价、止盈价和止损价。如果这个工作没有做好，严禁任何操作，学习止损并善于止损才是在股市中生存发展的基本前提！

当然，对于投资者来说，止损绝不是目的，但止损理念的彻悟和止损原则的恪守却是投资者通向成功之路的基本保障。

巴菲特说："入市要有50%的亏损准备。"

很多长期投资者也许都会认为，巴菲特一旦买进，就永远持有，都不会卖出，那你就错了。从巴菲特上面一句很简短的话，就可以看出大师对止损的重视程度。所以，像巴菲特这样的大投资家也会止损，在哪里止损？在所投资公司失去成长性时、基本面恶化时，止损！投资的止损不同于投机的止损，投机的止损只相对于价格的变化，而投资的止损是相对于基本面的变化。一份"止损单"是一份买进或卖出股票的交易单，当这些股票达到或超过一个预定价格时要执行。"买股止损单"一般在目前交易价之上被执行，"卖股止损单"一般在低于目前交易价的价格被执行。一旦触发该价位，该止损单就成为市场交易单，表明该投资者将在最有利的价位交易。

比如说，你以 40 美元的单价买了某公司的 100 股股票，现在它的价格只有 28 美元了，对于持有成本为 4000 美元的股票来说，现在只值 2800 美元，你损失了 1200 美元。不管你卖掉股票而改持现金，还是继续持有股票，它都只值 2800 美元。即使不卖，股价下跌时你还是会受损。你最好还是卖掉它们，回到持有现金的位置，这样可以让你从更客观的角度上思考问题。如果继续持有从而遭受更大损失的话，你将无法清醒地思考问题，总是自欺欺人地对自己说："不会再降价了。"可是，你要知道还有其他许多股票可以选择，通过它们，弥补损失的机会可能要大一些。

大致说来，巴菲特的止损理念主要有如下三个要点：

1. 根据自身情况，确定止损依据

通常而言，止损的依据是个股的亏损额，即当某一股票的亏损达到一定程度时，应斩仓出局；但止损的依据也可以是某个投资者的资金市值，这常常是针对投资者的整个股票投资组合来说的。当总的亏损额超过预定数值时，应减少或清仓。

2. 确定合适的止损幅度

能否合理地设置止损位，是止损理念的关键所在。这通常需要投资者根据有关技术和投资者的资金状况决定。但在不同的止损依据下，设置止损位考虑的重点也有所区别。

3. 意志坚定地执行止损计划

巴菲特认为，止损计划一旦制订，就需要意志坚定地执行，这是止损操作的关键。他强调，在应该止损时绝不要心存侥幸，决不能用各种理由来说服自己放弃或推迟实施止损的计划。当然，止损计划的实施也可以随行情的变化而适当调整，但必须牢记的是，只

能在有利的情况下才能调整止损位，即只允许当原投资决策正确，
股价已有一定涨幅后，方能随行情的发展逐步调整原定的止损位，
在保证既得利益的同时，尽量赚取更多的利润。

卖掉赔钱股，留下绩优股

不要轻易卖掉绩优股，不能因为股票的上涨就卖掉，好股票涨
了还会涨。如果能够以符合商业利益价格的好运气，买进具有持久
竞争优势公司的股票，就应该常买不卖。当然，一旦股价够高，出
脱持股也绝对是合理之举。作为普通投资者，卖掉正在赔钱的有可
能继续下跌的股票是很谨慎的行为，而留下收益显著的股票具有同
样的意义，只要它们能够保持基本面的良好。

巴菲特说："当公司的业绩不佳时，最好出脱全数持股，转向
新的投资机会，即任何时候都要牢记，卖掉赔钱股，留下绩优股。"
这是一个投资者需掌握的最主要的卖出法则之一，一个投资者
卖掉正在赔钱的、可能继续下跌的赔钱股而留下收益显著的绩优
股，不仅可以最大化自己的收益，同时可以最小化自己的风险。任
何股价下跌都是亏损状态。但是，在什么情况下绩优股会变成赔钱
股呢？评判的指标主要有以下几种：
（1）成长率中等的绩优股股价已经上升30%，又没有什么特别
的喜讯，投资者就应该及时脱手。
（2）周期股企业如需求下降，存货过多，产品价格下跌，产品

成本提高，或开工率接近饱和，新建厂房扩大产能，或国外竞争者进入市场时，投资者就要警惕。

（3）成长股不可能永远成长下去。企业大到一定的规模，其业绩有回归到行业平均数的倾向，此时也需及时卖出。

（4）成长股公司如果过分依赖少数客户，或产品易受经济周期的影响，或高级经理人员加入竞争者公司，投资者也需提高警惕，将股票脱手，另寻更有活力、前景更好的公司。

（5）再生股再生之后就转化为别的股了。

例如克莱斯勒汽车公司股票原来2美元一股，后来长到5美元、10美元、48美元一股。这时股价也许还会上涨，但已到应该卖掉的时候了。因为股价的P/E值已高于利润增长率。假日旅馆股价的P/E值涨到40时就应该卖掉，因为美国不可能每30千米就有一家假日旅馆。雅芳化妆品公司股价的P/E值涨到50时也应脱手，因为不能指望每两个美国家庭主妇就有一个人使用它的香水。

要确定一只股票是否仍然是优胜股，要看价格调整的原因。如果总体市场走弱或"正常的"日常波动导致的股价下跌，该股票可能仍然是只优胜股。然而，如果跌价的原因是长期性的，那就必须要止损或是换股了。长期的原因可能包括销售额下降、税务问题、诉讼、熊市正在出现、更高的利率以及对于未来利润的不利影响。这种情况下已经对长期的收入前景造成了不利的影响，这时就应该果断地卖掉赔钱股。

/ 第三节

巴菲特的套利法则

把握套利交易的原则

大多数套利者每年会参与几十次交易，而巴菲特坚持少而精的原则，只找一些重大财务交易事项进行套利。几十年来，他由此获得的年平均套利收益率高达 25%。

巴菲特说："如果每笔交易都对你有利的话，把一连串的套利交易汇集在一起，投资者就可以把收益较低的每笔交易最终变成一个获利丰厚的年收益。"

套利的好机会一般出现在公司转手、重整、合并、抽资、对手接收的各关口。在巴菲特有限公司早期，巴菲特每年都以 40% 的资金用于套利。

巴菲特最喜欢两种套利手法：一是用中期免税债券替代现金；二是接受长期资金的投资委托。

用中期免税债券替代现金，就是将多余的现金用于套利投资。究其原因在于，免税债券与短期国库券相比，税后收益更高。如果你因为某种原因急需卖出免税债券，就会面临承担资本损失的风险，而这时候如果通过套利，就能用收益上的获利来弥补这种潜在损失。

接受长期资金投资委托后，往往会遇到没有适合当前长期投资的机会，这时候怎么办呢？采用以中期免税债券替代短期国库券的换券操作手法，会比其他短期投资方式获利更多。几十年的投资经历表明，巴菲特通过这种方式实现的年平均投资回报率高达25%（税前）。

对于套利的交易巴菲特持比较谨慎的态度，但是如果能够把握住套利的交易原则，利用以下6项原则能够实现盈利目标。

1. 投资于"现价"交易而不是"股权交易"，并且只在消息正式公布后才进行交易

以现金形式50美元进行报价这是应该优先考虑的。这时的交易是具有固定的交换比率的。一定要避免有可能使你的最终收益低于原始报价的交易。如果一家股票市值为50美元的公司准备交付1.5份股票，如果到交易结束时股价降到30美元，那么你最终只能得到45美元。

2. 确定出预期收益率的下限

在每次交易之前，计算出潜在的利润和亏损以及它们各自发生的概率，然后确定出交易需要的时间以及你潜在的年度收益，避免那些低收益的交易。

3. 确保达成最后的交易

如果交易失败，目标股票的价格就会突然下降。许多因素都能够使交易失败，这些因素包括政府的反垄断干预、决策者们在补偿问题上的争执或者任何一家公司的股东们投票否决了购并计划、收

购商的股票价格突然下跌。某些购并，包括那些涉及公用设施或者外国公司的交易，可能要用一年以上的时间才能完成，这就会在相当长的时间内套牢你的资金。

4. 如果你决定介入"股权合并"交易，一定要选择那些具有高护价能力的交易

在交易活动被宣布之后，购并活动应该能够确保目标股票的价格不至于下降。通常情况下，收购者会根据自身的股票价格提供一个可变动的股份数额。

5. 不要过分地把利润寄托在套利交易上

盲目地选择一桩交易，在长期内只会得到一般水平的收益。你必须养成良好习惯，对所有相关的事实进行仔细的研究。当市场价格与购并价格差距很大时，就表明参与者们正在为交易失败感到忧虑，一些人或许已经获悉了有关交易将无法继续进行的信息。

6. 如果你能够确信交易必然成功的话，不必对用保证金来购买套利股份感到担心

对于普通的投资者而言，坚持以上 6 项套利交易原则，就会大大降低你在套利交易中的损失。当然还需要特别注意的是，套利的主要风险是，一旦你的交易失败后，如果是借钱进行套利的话，那么这就会增加你的亏损。

像巴菲特一样合并套利

投资者需要明白的是，在投资生涯中可能有很多种套利的形

式，比如合并套利、相关价值的套利、可转换套利、定息套利，还有其他很多短期操作的特殊形式的套利。事实上对于某个特定的公司来说，如需要在一宗交易中投入数量规模很大的资金，从而使得一些市场容量小的投资选择就不再适合这些套利策略了。也就是说，投资者应用套利模式赚钱应该首先选择那些市场容量相对较大的公司。

巴菲特在 1985 年公司年报里说："给某人一条鱼，他只能吃一天；教他去套利，则可享用终生。"

由于一次套利的不成功，巴菲特拥有伯克希尔—哈撒韦公司。因为一次套利的不成功，而使他由股票的交易者转变为该公司的长期投资者。当时该公司正在交易几乎其面值一半的股票，并且通过股权收购的方式定期将股票买回。巴菲特原本购买这家公司股票的目的是等待招标，然后再将这些股票卖出去，这几乎是一个无风险的套利，因为他以低于清算价值的价格买入股票，并且该公司也定期以更高的价格购回股份。这种双边的安全边际就是巴菲特式交易的特征。不管怎样，正是由于"退出"使得巴菲特得以构建一个价值超过 1000 亿美元的公司。当时该公司的 CEO 是杰克·斯坦顿，他问巴菲特愿意以何种价格卖出他的份额，巴菲特提出 113 ~ 118 美元／股，这家公司继续其收购行动，并且以 111 ~ 114 美元／股的价格意图与巴菲特一较高下。巴菲特最后还是拒绝了该公司的股权收购，相反的是他买入了更多的股份，并且辞掉了斯坦顿——最后自己担任了 CEO 和董事会主席的角色。我们只能希望斯坦顿抓紧他可能已经获得的股份。在他的合伙公司创立的早期，巴菲特将他的投资活动分成三份："一般市场""疲软市场"和"控制市场"。

"一般市场"的投资依靠的是长期价值投资，股票价值主要取决于面值的折现，同时将一些质量标准也应用其中（1964年的"色拉油丑闻"事件后巴菲特将他大部分的资金投放在美国运通的股票上即为一例）。通常情况下的控制市场就是对一般市场的"促进"（或"降级"，取决于你的观点），这就表示巴菲特买到的股份最终控制了这家公司。这种情况通常发生在"雪茄烟蒂"股票上，巴菲特能够以相对面值很大的折价买入股价被严重低估的股票，他并不反对接管该公司的所有权，因为他可以通过控制清盘来保证他的投资能够获利。他将这种股票称为"雪茄烟蒂"股票，因为如果你在地上发现一个雪茄烟蒂，还可以再吸上两口，那就是它的价值。

关于"疲软市场"，巴菲特表示它们是附有时间表的证券，它们产生于公司的经营活动——出售、合并、重组、资产分拆等。在此我们不谈论有关公司发展的谣言或"内部信息"，而是关注公司公开宣称的经营活动。一直要等到能在报纸上或报表上看到这些消息时，才能开始自己的投资决策。风险并不主要取决于市场的整体行为（尽管有时候在某种程度上是相关的），而是那些扰乱市场，使得预期发展不能实现的因素。这些令人不愉快的因素包括反托拉斯法或政府的其他管制行动、股东不赞成、预扣赋税规则等。在许多疲软市场中获利量看上去很少。然而，良好的预测能力加上短期持有就会产生一个可观的年收益率。在这种类型的市场上，我们可以年复一年地获得比一般市场上更稳定的绝对利润。在任何一年中，巴菲特50%或以上的利润都是在市场疲软的状况下获得的。

巴菲特相对价值套利

投资者在应用这种方法进行套利时，应该知道这种策略有两种风险，第一种风险是基本风险，这种风险发生在两种证券的股票价值在不可能趋于一致的情况下，比如，在母公司可能破产的情况下，而最终在破产之前将资产分拆中的股票价值作为抵押。对于套利者来说，另外一种风险就是金融风险，即使在两种证券价值都趋于一致的情况下，这样对于最初的套利行为来说很可能就会导致潜在的损失。

巴菲特说："当我们的钱比想法多的时候，我们有时会进入套利领域。"

巴菲特和他的前辈曾经专门研究过另外一种套利——"相对价值"套利，这属于巴菲特"债务重组"策略最为基础的部分。相对价值套利就是预先购买一种资产，到时转换成其他的资产，这样就能够获得较大的价值。

一个最为突出的例子就是 Palm Computing 公司和 3Com 公司的案例。在 3Com 决定公开将持有的 Palm 股票出售时，Palm 就从 3Com 中分离出来了。在第一天的交易中，Palm 公司的股价就暴涨，以至于 3Com 以前所持有的那部分 Palm 公司股本价值比 3Com 自身最高的市场价值还要高。这个市场有效地度量出 3Com 当前不断发展的经营价值小于业已存在 30 年的能巨大盈利的零经营情况，我们将在后面更加详细地讨论这个例子。

另外一个例子发生在 1915 年格雷厄姆就职于 Newburger，

Loeb&Company，他偶然发现下面的相对价值套利公司：古根汉（Guggenheim）开发公司，现在曼哈顿闻名于艺术博物馆的古根汉家族就是靠购买和开发矿产而发家的。古根汉开发公司持有很多家矿业公司的股份。在 1915 年 9 月 1 日，这家公司决定把持有的其他公司的股票分发给它的股东。那天的交易价格是每股 68.88 美元，所以格雷厄姆算出买一股古根汉开发公司的股票将带来净套利利润 7.35 美元，他在购买古根汉开发公司股票的同时卖空了相应公司的股票，这样就锁定了利润。

在 20 世纪 20 年代，当时杜邦公司资本来源于它在战争时期得来的现金，购得通用汽车公司大部分股票。尽管市场对杜邦公司其他业务大打折扣的同时对 3Com 公司的业务也不够看好，格雷厄姆仍然通过购买杜邦公司股票卖空通用汽车股票而获得的利差作为资本。虽然格雷厄姆还是看重杜邦公司的股票，但只看重通用汽车那部分，而对该公司持有的其他方面股票作零价值处理。

评估套利条件，慎重地采取行动

大多数套利者可能每年参与 50 次或更多次的交易，而巴菲特只寻找一些重大的财务交易事项。他对自己只参与公开且较友善的套利交易有所限制，并且拒绝利用股票从事可能会发生接收或绿票讹诈的投机交易。多年来他一直都没有计算过自己的套利成绩，但是巴菲特算出伯克希尔公司平均每年的税后获利率大约是 25%。由于套利时常用来取代短期国库券，因此巴菲特的交易欲望常随着伯克希尔现金存量的起伏而变动。他解释说，更重要的是，套利交易使他免于松动自行设定的严厉的长期债券投资标准。

巴菲特说："无法分辨榆树和橡树的人，反而能冷静地评估所有的报价。"

在近几年里，大多数套利运作涉及善意或恶意的收购。随着收购狂潮的蔓延，随着反托拉斯的挑战几乎不复存在以及随着买价常常只上不下，套利活动极度繁荣，套利者也收获颇丰。他们不需要特别的才能就能干得很好。

怎样评估套利条件呢？巴菲特认为必须回答以下几个问题：

（1）预期事件发生的概率有多大？

（2）你的现金可允许被套牢多久？

（3）出现更好的事情的可能性有多大——比如一个更有竞争力的购并报价？

（4）如果因为反托拉斯诉讼、财务上的差错等，当预期事件没有发生应如何处理？

为了帮助投资者进一步了解对套利条件的评估，巴菲特讲到了关于伯克希尔如何在阿卡他公司套利的故事。

1981年，阿卡他公司同意将公司卖给一家靠举债收购企业的公司KKR。阿卡他公司当时的经营项目包括森林产业和印刷行业。此外，在1978年，美国政府从阿卡他获取了超过4000公顷的红木林地，以扩大红木国家公园的范围。政府以分期付款的方式付给阿卡他公司9800万美元，并将利息为6%单利的流通在外债券给阿卡他。公司对政府以不合理的低价购买这块土地的行为表示不满，而且 6% 的单利也太低了。在 1981 年，阿卡他公司的价值是它本身的业务及政府潜在的投资。KKR 建议用每股 37 美元的价格买入阿卡他公司的股票，再加上政府支付阿卡他公司总金额的 2/3。

巴菲特研究分析了 KKR 购并阿卡他公司的行动。KKR 筹措资金的经验是相当成功的，而且如果 KKR 决定停止购并交易，该公司将会寻找其他的买主。阿卡他公司的董事会都已决定将公司卖掉，但是比较难解决的问题是，被政府强制征收的红木林到底价值多少？

在 1981 年的秋天，伯克希尔公司用每股 33.5 美元的价格收购阿卡他公司的股份。在 1981 年 11 月 30 日之前，伯克希尔已经收购了 40 万股，大约占到阿卡他 5% 的股份。1982 年 1 月，阿卡他和 KKR 双方签订了正式的契约，与此同时，巴菲特用每股接近 38 美元的价钱，又增购了 25.5 万股的阿卡他股票。虽然交易事项很复杂，巴菲特仍愿意以超过 KKR 每股 37 美元的价格收购阿卡他的股票，显示出他认为政府对于红木林的补偿支付价值会超过零。

几星期之后，交易开始进行。首先，尽管巴菲特曾经假定 KKR 当时有筹措资金的困难。当时房地产行业正在暴跌，银行提供贷款也是非常小心的。阿卡他公司的股东会议被延迟到 4 月。原因是 KKR 不能安排所有资金的筹措，所以它提供阿卡他公司每股 33.50 美元的低价。但是它拒绝了 KKR 的提议。直到过了一段时期之后，阿卡他公司接受了其他公司的竞价，用每股 37.50 美元将公司卖掉，再加上一半潜在的政府诉讼补偿。伯克希尔从 2290 万美元的阿卡他投资中，得到 170 万美元的利润，相当于每年 15% 的回报率，这是令人相当满意的利润。

几年后，伯克希尔公司终于如愿以偿地收到了政府支付给阿卡他公司的分期款。在诉讼期间法官指定了两个委员会，一个负责决定红木林的价值，第二个负责决定适当的利率。1987年1月，第一项决定宣布红木林的价值为2.757亿美元，而非9790万美元。第二项决定宣布适当的利率应该是14%，而不是6%。法院判定政府应该付给阿卡他公司6亿美元。政府继续上诉，最后决定付出5.19亿美元。1988年，伯克希尔公司收到1930万美元，以及阿卡他公司每股29.48美元的额外收入。

　　这是伯克希尔公司在套利上运作成功的一个案例，一般认为，巴菲特这项投资所得到的利润远比他预期的要好，但实际上在1989年之前，套利前景并不是很好。举债收购引发市场上对资金的需求过剩，造成市场环境的混乱。但是巴菲特在别人眼花的时候，慎重地采取了行动。当UAL的收购行动崩溃瓦解之时，巴菲特正从套利交易中抽身，借助可转换特别股的出现，伯克希尔公司很容易地从套利交易中跳出来。

第七章

巴菲特教你如何防范风险

>>>>>

/ 第一节
巴菲特规避风险的 6 项法则

面对股市，不要想着一夜暴富

对于投资者而言，"避免风险，保住本金"这八个字，说起来容易，做起来却不容易。股市有风险，似乎人人皆知，但是，当人们沉醉在大笔赚钱的喜悦之中时，头脑往往会发热，就很容易把"风险"两字丢到一边。世界上没有只涨不跌的市场，也没有只赚不赔的投资产品。在成熟度不高、监管不规范、信息不对称、经常暴涨暴跌的中国股票市场，不顾一切，盲目投资无疑是危险行为。

巴菲特说："成功的秘诀有三条：第一，尽量规避风险，保住本金；第二，尽量规避风险，保住本金；第三，坚决牢记第一、第二条。"

实际上，巴菲特这三条秘诀总结起来就是八个字：避免风险，保住本金。巴菲特的名言是他投资股市的经验总结。他从 1956 年到 2004 年的 48 年中，股市的年均收益率也只有 26%。由此可见，他的巨额家产也不是一夜暴富得来的。

以中国股市来说，自从 2006 年股市一路高歌以来，大众亢奋和"羊群效应"越发明显。越来越多的人认为，股市成了一只"金饭碗"，只要投钱进去，"金饭碗"里就能源源不断地生出钱来。左邻右舍相继入市，农民开始炒股，和尚开始操盘，即使平日最保守、最沉着的人也摇摇晃晃地入市了。

有人卖房、有人贷款、有人辞职，证券营业部人满为患，系统不堪重负，上班族人心浮动……恐怕没有人不承认，现在的股市泡沫已经令人担忧。可既然大家都知股市泡沫重，为何还如此疯狂？显然，面对股市，我们已经不仅从投资跃入了投机，而且从投机跃入了赌博！

中国股市，从一定角度讲还是一个资金市，源源不断的资金进入，才是行情不断高涨的根本原因。在股市的狂热下，炒股者多会觉得总有后来者，就像掉进传销网络的人，总认为还有大量的下线等着送钱进来。

可历史早就证明，没有哪一波大牛市不是以套牢一大批投资者作为最后"祭品"的，这一点，炒股者也"理性"地清楚。前方是巨大的利益引诱，后面是怕成"祭品"的担忧，使贪婪与恐惧这两种人性弱点最充分地体现在了炒股者身上。

中国证监会于 2007 年 5 月 11 日发出通知，要求加强对投资者的教育，防范市场风险。并且特别要求、"告诫"那些抵押房产炒股、拿养老钱炒股的投资者，千万理解并始终牢记：切勿拿关系身家性命的生活必需和必备资金进行冒险投资。可谓良药苦口，正当其时。

遇风险不可测则速退不犹豫

2005 年，巴菲特在致股东的信里说："为了满足保险客户的需求，在 1990 年通用再保险设立衍生交易部门，但在 2005 年我们平仓的合约中有一个期限竟然是 100 年。很难想象这样的一个合约能够满足哪方面的需求，除非是可能只关心其补偿的一个交易商在他的交易登记簿中有一个长期合约需要对冲的需求。"

"设想一下，假如一个或者是更多家企业（麻烦总会迅速扩散）拥有数倍于我们的头寸，想要在一个混乱的市场中进行平仓，并且面临着巨大的广为人知的压力，情况会变成怎样？在这种情形下应该充分关注事前而不是事后。应该是在卡特里娜飓风来临之前，考虑且提高撤离新奥尔良的最佳时机。

"当我们最终将通用再保险的证券交易部门关门大吉之后，对于它的离开我的感觉就像一首乡村歌曲中所唱的那样：'我老婆与我最好的朋友跑了，我想念更多的是我的朋友而不是我老婆。'"

上面这两段话是巴菲特在 2005 年将通用再保险的平仓合约持后说的，可以说巴菲特这项投资是很失败的，他的经验教训就是一旦该项投资遇到不可测的风险时，绝不要恋战。

2004 年 3 月，美国国际集团承认公司对一些账目处理不当，伯克希尔—哈撒韦下属的通用再保险公司曾经与其合作过一笔"不符合规定"的再保险交易，这笔业务应该属于贷款而非保险交易。

通用再保险公司自从 1998 年被收购以后就一直风波不断，1998 年与同属伯克希尔—哈撒韦的国家火险公司为 FAI 保险公司出售再保险产品，经商定后达成秘密协议：FAI公司在3年内不得寻求保险赔偿。这项规定在很大程度上弱化了该产品转移风险的功能，摇身一变成了短期贷款。FAI公司不久被澳大利亚第二大保险商HIH公司收购，因FAI公司的资产负债表被人为美化，HIH公司利润也随之虚增。澳大利亚监管部门调查后决定，自2004年10月开始禁止通用再保险公司的6位主管在澳大利亚从事保险业活动。澳大利亚监管部门还发现，违规操作的再保险产品来自通用再保险公司位于爱尔兰首都都柏林的一个团队，而爱尔兰金融服务管理局也开始对通用再保险公司在爱尔兰的经营活动展开调查。

2004年3月，该公司公布的盈利报告显示去年净利润下降10%，由2003年的近82亿美元减至73亿美元。相比美国股市的总体表现，巴菲特在股市上的投资业绩最近几年出现了明显下滑。以标准普尔500指数为例，该指数成分股在2003年和2004年的平均账面净值增长率分别达到28.7%和10.9%，均超过了巴菲特的伯克希尔—哈撒韦公司。与股市投资不景气相对应的是，伯克希尔—哈撒韦公司的现金大量闲置，截至2003年12月，公司的现金存量由2003年的360亿美元升至430亿美元。2003年，伯克希尔决定让通用再保险退出酝酿巨大风险的衍生品业务，当时它有23 218份未平仓合约。2005年初下降为2 890份，2005年底平仓合约减至741份，此举在当年让伯克希尔付出了1.04亿美元的代价。

对于普通的投资者而言，在你的投资道路上总会遇到不可测的风险，在这种时候大多数投资者似乎都会抱着一丝希望，但是正是这种渺茫的希望让他们陷得更深。事实上，在这种时候正确的做法就是，无论暂时的斩仓痛苦有多大，坚决退出。如果巴菲特当时不退出，2008 年的"次贷危机"爆发后，他也许就退不了了。

特别优先股保护

特别优先股可以给投资者特别的保护，巴菲特在"次贷危机"中，仍然敢于买进通用电气和高盛的股票。这两只股票同样都是特别优先股，这类股票拥有股价上的安全边际，能够合理地利用自己的话语权去建立技术性的安全边际也是一项厉害的投资技术。

1996 年巴菲特在致股东的信中写道："当维京亚特兰大航空公司的老板理查德·布兰森，被问到要怎么样才能变成一个百万富翁的时候，他的回答是：其实也没有什么，你首先需要变成一个亿万富翁，然后再去购买一家航空公司就可以了。"

在 1989 年的时候巴菲特以 3.58 亿美元的价格买了年利率为 9.25% 的特别股。那时候，他非常喜欢美国航空的总裁埃德·科洛德尼，直到现在仍然没有改变。但是，现在，巴菲特觉得他对于美国航空业的分析研究实在是过于肤浅并且错误百出，他被该公司历年来的获利能力所蒙骗，并且过于相信特别股提供给债券上的保护，以导致他们忽略了最为关键的一点，美国航空公司的营业收入在毫无节制的激烈价格战后大幅下降，同时该公司的成本结构却仍然停留在从前管制时代的高档价位上。

从巴菲特上面的这项投资中，能够看出巴特特在当初的投资时买的是特别优先股，那就意味着公司每年要付给伯克希尔 9.25% 的利息，加之还有一项"惩罚股息"的特别条款，这就意味着如果该公司要延迟支付股息的话，除了需要支付原有欠款外，同时还必须支付5%利率的利息。这就导致了在1994年和1995年伯克希尔都没有收到股息，所以，在此之后美国航空就不得不支付13.25%和14%的利息。在1996年下半年美国航空公司开始转亏为盈的时候，它果真开始清偿合计4790万美元的欠款。

所谓的优先股是相对于普通股而言的，主要指在利润分红及剩余财产分配的权利方面，优先于普通股。在公司分配盈利时，拥有优先股票的股东比持有普通股票的股东分配在先，而且享受固定数额的股息，即优先股的股息率都是固定的，普通股的红利却不固定，视公司盈利情况而定，利多多分，利少少分，无利不分，上不封顶，下不保底。

以巴菲特2008年50亿美元买入的高盛优先股为例来说明，优先股和债券一样，享有固定的红利（利息）收益，高盛给巴菲特的是10%。意味着，每年高盛要支付5亿美元的固定红利，当然如果以后高盛的分红率更高，巴菲特也只能拿10%，但这已经大大高于国债利率了。除了安全，巴菲特没有放弃可能的暴利机会，同时获得了一个认股权证，5年内可以以每股115美元的价格，认购50亿美元额度之内的高盛股票，当然现在高盛的股价已经大大低于115美元，但是只要5年内高盛股价高过这个价格，巴菲特还可以从认股权中获得超额利润。

由于巴菲特选择的是永久性优先股，意味着不能转成普通股，但是只要不被赎回，就可以永远拿10%的股息。当然，巴菲特也并非绝对安全，如果高盛真的破产的话，他的权利也无法兑现。但是优先股的股东可先于普通股股东分取公司的剩余资产。

运用安全边际实现买价零风险

　　理性投资者是没有理由抱怨股市的反常的，因为其反常中蕴含着机会和最终利润。从根本上讲，价格波动对真正的投资者只有一个重要的意义：当价格大幅下跌后，提供给投资者低价买入的机会；当价格大幅上涨后，提供给投资者高价卖出的机会……测试其证券价格过低还是过高的最基本的方法是，拿其价格和其所属企业整体的价值进行比较。

　　巴菲特说："……我们强调在我们的买入价格上留有安全边际。如果我们计算出一只普通股的价值仅仅略高于它的价格，那么我们不会对买入产生兴趣。我们相信这种'安全边际'原则——本·格雷厄姆尤其强调这一点——是成功的基石。"

　　上面的这段话不仅揭示出了安全边际的实质内涵，即股票的内在价值和股票的市场价格之间的差距。而且强调了在分析股票价值时运用"安全边际"可以帮我们真正实现买价零风险。

　　"安全边际"是价值投资的核心。尽管公司股票的市场价格涨落不定，但许多公司具有相对稳定的内在价值。高明的投资者能够精确合理地衡量这一内在价值。股票的内在价值与当前交易价格通常是不相等的。基于"安全边际"的价值投资策略是指投资者通过公司的内在价值的估算，比较其内在价值与公司股票价格之间的差价，当两者之间的差价（即安全边际）达到某一程度时就可选择该公司股票进行投资。

美国运通银行属于全球历史悠久、实力强大的银行之一。它在1981年的时候开始推出旅行支票，它可以解决人们旅行时带大量现金的不便。在1958年它又推出了信用卡业务，开始引导了一场信用卡取代现金的革命。截至1963年，美国运通卡已经发行1000多万张，这家银行当时在美国的地位就像中国工商银行在中国的地位一样强大。但美国运通后来出现了问题。联合公司是一家很大的公司，运用据称是色拉油的货物仓库存单作为抵押，从美国运通进行贷款。但是当联合公司宣布破产后，清算时债权人想从美国运通收回这笔抵押的货物资产。美国运通在1963年11月的调查时发现，这批油罐是色拉油海水的混合物，由于这次重大诈骗，使美国运通的损失高达1.5亿美元。如果债权人索赔的话，可能会导致美国运通资不抵债。这个消息导致华尔街一窝蜂地疯狂抛售美国运通的股票。1964年年初，在短短一个多月，美国运通的股票价格就从60美元大跌到35美元，跌幅高达40%。

在这期间巴菲特专门走访了奥马哈的餐馆、银行、旅行社、超级市场和药店，但是他发现人们结账时仍旧用美国运通的旅行支票和信用卡。他得出的结论是这场丑闻不会打垮美国运通公司，它的旅行支票和信用卡仍然在全世界通行。巴菲特认为，它这次遭遇巨额诈骗，只是一次暂时性损失而已，从长期来看，任何因素都不可能动摇美国运通的市场优势地位。1964年，巴菲特决定大笔买入，他将自己管理的40%的资金全部买入美国运通公司的股票。不久诈骗犯被抓住并被起诉，美国运通与联合公司达成和解，双方继续正常经营。在后来的两年时间里美国运通的股价上涨了 3 倍，在后来的 5 年的时间里股价上涨了 5 倍。

巴菲特神奇的 "15% 法则"

　　毫无疑问，如果投资者以正确的价格来购买正确的股票，获得 15% 的年复合收益率是可能的。相反，如果你购买了业绩很好的股票却获得较差的收益率也是很可能的，因为你选择了错误的价格。大多数投资者没有意识到价格和收益是相关联的：价格越高，潜在的收益率就越低，反之亦然。

　　1989 年巴菲特在给股东的信里写道："我们还面临另一项挑战：在有限的世界里，任何高成长的事物终将自我毁灭，若是成长的基础相对较小，则这项定律偶尔会被暂时打破，但是当基础膨胀到一定程度时，好戏就会结束，高成长终有一天会被自己所束缚。"

　　上面这段话表示了巴菲特在有限世界里的理性，他是不会相信无限增长的。从 20 世纪 70 年代就开始写 "致股东函"，每隔两三年他都会非常诚恳的表示动辄 20%~30% 的增长都是不可能长期持续的。巴菲特在购买一家公司的股票之前，他要确保这只股票在长期内至少获得 15% 的年复合收益率。为了确定一只股票能否给他带来 15% 的年复合收益率，巴菲特尽可能地来估计这只股票在 10 年后将在何种价位交易，并且在测算公司的盈利增长率和平均市盈率的基础上，与目前的现价进行比较。如果将来的价格加上可预期的红利，不能实现 15% 的年复合收益率，巴菲特就倾向于放弃它。

例如在 2000 年 4 月，你能够以每股 89 美元的价格购买可口可乐的股票，并假设你的投资长期能够获得不低于 15% 的年复合收益率。那么，当 10 年之后，可口可乐的股票大致可以卖到每股 337 美元的价格，才能使你达到预期目标。关键是假如你决定以每股 89 美元的价格购买，那么你就要确定可口可乐的股票能否给你带来 15% 的年复合收益率。这需要你衡量四项指标：其一，可口可乐的现行每股收益水平；其二，可口可乐的利润增长率；其三，可口可乐股票交易的平均市盈率；其四，公司的红利分派率。只要你掌握了这些数据，你就可以计算出这家公司股票的潜在收益率。仍然以可口可乐为例，可口可乐股票的成交价为 89 美元，连续 12 个月的每股收益为 1.30 美元，分析师们正在预期收益水平将会有一个 14.5% 的年增长率，再假定一个 40% 的红利分派率。如果可口可乐能够实现预期的收益增长，截止到 2009 年每股收益将为 5.03 美元。如果用可口可乐的平均市盈率 22 乘以 5.03 美元就能够得到一个可能的股票价格，即每股 110.77 美元，加上预期 11.80 美元的红利，最后你就可以获得 122.57 美元的总收益。数据具有很强的可信度，10 年后可口可乐股票，必须达到每股 337 美元（不包括红利）才能够产生一个 15% 的年复合收益率。然而数据显示，那时可口可乐的价位每股 110.77 美元，再加上 11.8 美元的预期红利，总收益为每股 122.57 美元，这就意味着将会有 3.3% 的年复合收益率。如果要达到 15% 的年复合收益率，可口可乐目前的价格只能达到每股 30.30 美元，而不是 1998 年中期的 89 美元。所以巴菲特不肯把赌注下在可口可乐股票上，即使在 1999 年和 2000 年早期可口可乐股票一直在下跌。

随市场环境的变化而变化

巴菲特无论是偶然还是经过深思熟虑都应该被看作是历史上最机敏的市场调节者之一。他拥有感觉到市场存在很大的危险的能力，或者是当别人认为危险时他却看到了投资机会。

巴菲特说："如果任何一个人准备去做任何一件愚蠢的事的时候，市场只是作为一个参考值而存在，当我们投资股票的时候，我们也是在投资商业。"

任何时期的任何行情，最大的投资机遇和最大的投资风险一定是来自价值标准的变化！同样的青菜，在春夏秋冬有不同价格，因为它在不同时期所体现的价值不一样，人们衡量它的价值标准也不一样，价格自然会不同。更主要的是，青菜的价值与肉食的价值是不一样的，因此，其所对应的市场价格也是截然不同的。

这样的例子同样也发生和反映在股市中。例如，同样的汽车股，在 2004 年行业最景气时，人们给予它的估值标准可以达到 25 倍左右的市盈率，而在 2005 年行业景气度回落的时候，人们给予它的市盈率估值标准一下子降到了 10 倍左右。到目前为止，也只在 15 倍左右。这样的例子也曾同样发生于钢铁股和石化股。

为什么说价值标准变化给行情带来的投资机会和风险是最大的呢？很明显，同样的股票在业绩没变化的情形下，市盈率标准从 25

倍降低到 10 倍，意味着这只股票的价格要跌 60%；反之，如果某一类股票的估值标准从 10 倍市盈率提升到 20 倍市盈率，则意味着这只股票的上涨空间将达到 100%。

　　股票 G 天威，该股有超过 60% 的主营收入是来自于电站设备。因此，从 2003 年到 2005 年上半年的两年半时间内，人们以比较合理的电站设备类估值标准，给予它 20 倍左右的市盈率定位。但从 2005 年下半年起，该公司介入了太阳能产业，按照国际市场的估值标准，人们对它的估值标准从 20 倍市盈率迅速提升到了 45 ~ 60 倍，从而打开了该股超过 300% 的上涨空间。人们的价值标准会随时间的推移以及社会发展的变化而变化，所以，每当行情新主流热点形成的时候，一定是这个主流热点所对应的行业或公司内部发生了变化，更重要的是，人们对它的认识和评判标准发生了变化！

　　同时，随着社会经济的不断发展、体制改革的逐渐深入以及对外开放的日益扩大，我国股票市场所面临的客观环境也出现了一些变化，主要表现在以下几个方面：

1. 股份全流通，股票市场的本色得以恢复

　　2005 年 5 月份开始启动的股权分置改革，让占总股份 2/3 以上的非流通股逐渐实现自由流通，证券市场的基本功能有了发挥的基础和条件。股份全流通在相当程度上把控股股东、上市公司管理层和广大中小股东的利益紧密结合在一起，使控股股东和上市公司管理层不再漠视公司股票的市场表现。股份全流通使我国证券市场恢复了本色，成为真正意义上的证券市场，今后彻底走向市场化和国际化完全可以预期。

2. 整体上市已成趋势，国家资产越来越多地转入可流通状态

股改以后，股票市场出现了一股整体上市的风潮。从国家、企业和投资者三个角度看，这种风潮都具积极意义。整体上市的一个必然的结果是，越来越多的国家战略资产将从原来的高度控制状态逐步变成可市场化流通状态。这种状态一方面可以使国家战略资产通过市场化的方式进行价值重估，另一方面又意味着其控制权将具有很大的流动性和不确定性。对于国有资产管理者来说，这是一个全新的课题。

3. 国际资本进出我国的规模日益扩大，社会经济影响不断增强

伴随对外开放的不断深入，国际资本进出我国的规模日益扩大。"蒙牛"的迅猛崛起和"乐百氏"的彻底陨落背后，都可以看到国际资本的强大身影。这一正一反两方面的事例提醒我们，对于国际资本，我们在表示热烈欢迎的同时，还应该保持应有的谨慎。至于那些缺乏约束、流动性极强且来去诡秘的国际游资，我们除了保持谨慎外，还需要给予高度的警惕。

4. 虚拟经济对实体经济的反作用力越来越强

我国股票市场总市值与 GDP 的比例随着市场规模的不断扩大和股价指数的快速上升而明显提高：2005 年上半年，该比例还不到 18%，而现在已经接近 90% 了。股改前由于 2/3 以上的股份不能流通，所以股票总市值存在很大程度上的失真，而股改以后，非流通股逐渐转为可流通，总市值也就变得真实可靠起来。以证券市场为核心的虚拟经济，一方面反映并最终决定于实体经济，另一方面又可以对实体经济存在一定程度上的影响和反作用力。这种影响和反作用力随着证券市场总市值与 GDP 比例的不断增长而日益增强。

/ 第二节
巴菲特提醒你的投资误区

警惕投资多元化陷阱

对于普通投资者而言，经常出现与巴菲特截然相反的景象：用区区数十万甚至数万元的资金，却分散到了十几二十家公司的股票，此外这些公司种类特别多，从高速公路到白酒，从房地产到化工……但是，真正了解这些公司的投资者又有几个呢？投资者很容易陷入多元化的陷阱，没能分散掉风险，反而造成了资金的损失。

1998 年，巴菲特在佛罗里达大学商学院演讲时说："假如你认为值得拥有部分美国股票，那就去买指数基金。那是你应该做出的选择，假如你想对企业做出评估。一旦你决定进入对企业做评估的领域，就做好要花时间、花精力把事情做好的准备。我认为不管从什么角度来说，投资多元化都是犯了大错。

"假如做到真正懂生意，你懂的生意可能不会超过 6 个。假如你真的懂 6 个生意，那就是你所需要的所有多元化，我保证你会因此而赚大钱。如果，你决定把钱放在第 7 个生意上，而不是去投资最好的生意，那肯定是个错误的决定。因为第 7 个好的生意而赚钱的概率是很小的，但是因为最棒的生意而发财的概率却很大。我认为，对任何一个拥有常规资金量的人而言，如果他们真的懂得所投的生意，6 个已经绰绰有余了。"

巴菲特素来都是反对"分散投资"的，他所推崇的投资理念就是："把鸡蛋放在一个篮子里，并看好这个篮子。"纵然，巴菲特的"篮子"十分的庞大，已经不可能用个位数的股票数去装满他的篮子，但是他始终坚持长期持有，甚至宣称在他一生都不会卖出 4 家股票，当然后来他卖出了一家。

在 1965 年，巴菲特 35 岁的时候，收购了伯克希尔—哈撒韦的濒临破产的纺织企业，但是到了 1994 年底该公司已经发展成拥有 230 亿美元资产的投资王国，该公司由一家纺纱厂变成了巴菲特庞大的金融集团，发展到今天它继续成长为资产高达 1350 亿美元的"巨无霸"。从最后的分析来看，伯克希尔—哈撒韦公司的股票市值在 30 年间上涨了 2000 倍，而标准普尔 500 指数内的股票平均仅上涨了约 50 倍。

巴菲特为什么投资业绩这么突出，一个重要原因就是他从来不分散投资，根本不会随便乱七八糟地买一堆质地平平的股票。他只集中投资于少数好公司的股票。此外，巴菲特还把自己的投资精力用在做出少数重大投资决策上。

巴菲特说："在与商学院的学生交谈时，我总是说，当他们离开学校后可以做一张印有 20 个洞的卡片。每次做一项投资决策时，就在上面打一个洞。那些打洞较少的人将会更加富有。原因在于，如果你为大的想法而节省的话，你将永远不会打完所有 20 个洞。"

大多数人的公司价值分析能力很可能没有巴菲特那样杰出，所以我们集中投资组合中的股票数目不妨稍多一些，但 10~20 只股票也足够了。一定要记住巴菲特的忠告：越集中投资，业绩越好；越分散投资，业绩越差。

研究股票而不是主力动向

对于投资者而言，只要能够坚持自己的投资理念，由主力机构造成的市场波动，反而能够使真正的投资人获得更好的机会去贯彻实施他们明智的投资行动。投资者在股市波动的情况下，不要因为财务或者心理的作用在不恰当的时机卖出，投资者的重点应当放在股票上，而不是判断主力机构有没有进入该股票、接下来是不是会拉升该股票。

1987 年，巴菲特在致股东的信里写道："1987 年的美国股市表现是相当令人满意的，可是到最后股指仍然没有上升多少，道琼斯工业指数在一年内上涨了 2.3%。回顾这一年的情况来看，股票的指数就像过山车一样，在 10 月份之前是一路蹿高的，之后就突然收敛下来。"

巴菲特分析这种情况说：市场之所以这么动荡，原因就在于市场上存在一些所谓的专业主力机构，它们掌握着数以万计的资金，然而这些主力机构的主要精力并不是去研究上市公司的下一步发展状况，而是把主要的精力用在研究同行下一步如何操作的动向上。

巴菲特说，有这么多的闲散资金掌握在主力机构的手中，股票市场不动荡是不可能的事，因此散户投资者常常抱怨说，自己一点机会都没有，因为市场完全由这些机构控制了，研究他们才是研究了市场的动向。但是巴菲特认为这种观点是相当错误的，因为不管你有多少资金，在股市面前都是平等的，反而在市场越是波动的情况下，对于理性投资者来说就越是有利的，以巴菲特的老朋友许洛斯的操作情况为例来说，早在50多年前，当时有一个圣路易斯家属希望巴菲特为他们推荐几位既诚实又能干的投资经理人，当时巴菲特给他们推荐的唯一人选就是许洛斯。

许洛斯没有接受过大学商学院的教育，甚至从来没有读过相关专业，但是从1956年到2006年间他却一直掌管着一个十分成功的投资合伙企业。他的投资原则就是一定要让投资合伙人赚到钱，否则自己不向他们收取一分钱。那么看一下许洛斯到底是怎么操作股票的呢？

许洛斯一直都不曾聘请秘书、会计或其他人员，他的仅有的一个员工就是他的儿子爱德文，一位大学艺术硕士。许洛斯和儿子从来不相信内幕消息，甚至连公开消息也很少关心，他完全采用在与本杰明·格雷厄姆共事时的一些统计方法，归纳起来就是简简单单的一句话："努力买便宜的股票。"因为按照他们的投资原则，现代投资组合理论、技术分析、总体经济学派及其他复杂的运算方法，这一切都是多余的。

然而值得注意的是，在许洛斯长达47年的投资生涯中，他选中的大多数都是冷门的股票，但是这些股票的业绩表现却大大超过了同期标准普尔500指数。

"价值投资"的误区

价值投资知易行难，并非只是找到优秀企业难，做到长期持有难，更难的是对于企业价值及价值变动方向、变动速度、幅度等相对确定性评估与价格关系、股市自身规律等基础上建立的投资决策体系。对于投资者而言，你如果能清晰地知道你为何买、为何卖、为何持有、为何换股，背后都有足够清晰的理由，每一次操作都知道你将赚的是什么钱，那么你已经入了价值投资的门。

巴菲特在1985年致股东的信里写道："1985年在出售证券收益时金额达到4.88亿美元，这其中的大部分都源于我们出售通用食品的股票，从1980年开始我们就开始持有这些股票，我们买进这些股票是以远低于合理的每股企业价值的价格购买的，年复一年，该公司的管理层大大提升了该公司的价值，一直到去年的秋天，当该公司提出购并的要求，其整体的价值在一夜之间显现出来了。"

巴菲特解释价值的增长也是需要一个过程的，出售股票就像大学生的毕业典礼一样，经过4年所学的只是在一朝被正式认可，但是实际上当天你可能还没有一点长进。巴菲特经常将一只股票持有长达10年之久，在这期间其价值在稳定增长，但是其全部的账面利益却都反应在出售的那一年。所以按照价值投资进行选择的时候并不是一朝一夕能够分辨得出的。

1999年巴菲特拒绝投资市盈率过高的高科技股票，结果导致了他10年来最大的投资失误，其投资基金回报率远远低于股市指数的年平均增幅。什么时候该做趋势的朋友？什么时候该与大众为

"敌"？这的确是个难题。我们经常看到媒体寻找价值被"严重低估"的股票，关于"低估"的标准，已经不再是"价格低于每股净资产"了。一个人必须对关于成长股价值的计算持怀疑的态度，而不可以完全相信。

投资者要避免步入价值投资的几大误区：

（1）价值投资就是长期持有。长期持有，其本身不是目的，长期持有是为了等待低估的价格回归价值，是为了等待企业价值成长，从而带动价格的上涨，这才是本。但如果股票价格当前就已远高于企业价值，即使是对于价值仍能不断成长的企业，继续持有也失去了意义，因为即使未来数年内企业通过成长，价值能达到或超越现在的价格，也无非是通过时间让价值去追赶上价格，而价格继续上涨已无任何确定性。相反，大多数的情形是股价会以大幅下跌的形式来直接找价值，因为股票出现严重高估往往是市场疯狂的牛市末期，市场的长期有效性就会发生作用，通过市场的自身调节来实现价值的回归，同时调节又往往是矫枉过正的，使市场进入低估的另一个市场无效状态。

（2）把买入优秀企业等同于价值投资，这是严重的本末倒置。企业价值成长是为了带动价格的成长，但如果价格已经透支了多年企业的成长，那么价值成长也很难为价格继续上涨创造正作用了；而优秀企业又仅是企业价值成长的一个保障而已，优秀企业也会有成长期和成熟期，不够优秀的企业也并非不能高速成长。

因此，买入优秀企业可能是价值投资，买入成长的不够优秀的企业也可能是价值投资，买入低估的不成长企业同样可能是价值投资。持有企业是价值投资，卖出企业也是价值投资。买入同一个企业也有的是价值投资，有的不是价值投资，即使同时同价买入，又同时同价卖出的也有的是价值投资，有的不是，关键是买卖的动机和理由是什么。价值投资的本质在于你每次操作的理由是否基于企业价值、价格、确定性及安全边际的关系，而非操作本身。

买贵也是一种买错

对于投资人来说，如果买入一家优秀公司的股票时支付过高的价格，将会对这家绩优企业未来 10 年所创造的价值产生抵消的效果。投资者应该记住巴菲特投资术中的这个重要的精髓，这比选择一个好公司还重要。

1982 年巴菲特在致股东的信里写道："在 1982 年几件大型购并案发生时，我们的反应不是忌妒，相反我们很庆幸我们并不在其中。因为在这些购并案中，在管理当局的冲动下，追逐的刺激过程使得追求者变得盲目，布莱士·帕斯卡（法国著名的数学家、哲学家）的观察非常恰当：它使我想到所有的不幸皆归咎于大家无法安静地待在一个房间内。

"你们的董事长去年也曾数度离开那个房间，且差点成为那场闹剧的主角，现在回想起来，去年我们最大的成就是试图大幅购买那些我们先前已投入许多的公司的股份，但由于某些无法控制的因素却无法实行；假如我们真的成功了，这宗交易必定会耗尽我们所有的时间与精力，但却不一定能够获得回报。如果我们将去年的报告做成图表介绍本公司的发展，你将会发现有两页空白的跨页插图用来描述这宗告吹的交易。

"我们对股票的投资，只有在我们能够以合理的价格买到够吸引人的企业时才可以，同时也需要温和的股票市场配合。对投资人来说，买进的价格太高就会将这家绩优企业未来 10 年亮丽的发展所带来的效应抵消掉。"

巴菲特经常会在相当长的一段时期内，在股票的市场内保持沉默，尤其是在别人狂欢的时候，巴菲特往往都会被新锐们嘲笑无能、落伍，而这也正是在日后被称道、被崇拜的"股神"时刻。

比如巴菲特出手认购了通用电气 30 亿美元的优先股，对此巴菲特表示，通用电气公司是美国面向世界的标志性企业。数十年来，他一直是通用电气公司及其领导人的朋友和赞赏者。但是在这漂亮言论的背后，更为真实的事实是：即使巴菲特赞赏通用电气数十年了，却只是在等待次贷危机发生时，通用电气的股票大幅缩水后才毅然决定出手。回首过去 10 年通用电气的股价，在 2000 年科网泡沫中一度高见 60.5 美元，而这一波牛市中也一度高见 42.15 美元，但是巴菲特却选择在通用电气迄今几近腰斩，徘徊在 20 美元接近 10 年来低位时才出手，显然其有足够的耐心等待好的公司出现好的价格。

回首巴菲特的投资历程，类似这样等待好公司出现好价格的例子可谓是数不胜数。此前提到的富国银行无疑是一个绝佳的范例。

富国银行可以称得上是上一次美国楼市危机 S&L 危机的受害者。对于一家成立于 1852 年的老牌银行来说，在 20 世纪 90 年代初股价一度曾高达 86 美元，但在 S&L 危机中，投资者担心银行会受到房贷市场的拖累而持不信任态度，尤其是担心作为所有加州银行中房地产贷款最多的银行，富国银行能否承受得起巨大的房地产贷款坏账损失。结果，富国银行的股价短期内暴跌，4个月时间里便重挫至41.3美元，而有先见之明的巴菲特早就看好富国银行，并出手以57.89美元的均价买入了大量富国银行的股票，并在此后逐步追加。

没有制订适当的投资策略

巴菲特说："最终，我们的经济命运将取决于我们所拥有的公司的经济命运，无论我们的所有权是部分的还是全部的。"巴菲特说，用简单的一句话来概括就是："以大大低于内在价值的价格，集中投资于优秀企业的股票并长期持有。"

1987年巴菲特在致股东的信里写道："市场有很多所谓的专业投资人士，就是这些人造成了市场的震荡。他们无视企业的发展方向，反而更注重研究基金经理人的动向。对于他们而言，股票是赌博交易的筹码，类似于大富翁手里的棋子一样。

"他们的这种做法已经发挥到了极致，即便形成了投资组合保险，这是1986～1987年已经广为基金经理人所接受的策略。这种策略像投机者的停损单一样，一旦投资组合或是类似与指数期货价格下跌就必须对所持股份进行处分，这种策略势必在股市下跌到一定程度的时候涌出一大堆的卖单。研究报告显示，有高达900亿美元的股票投资在 1987 年 10 月中面临一触即发的险境。"

有些投资理论非常的奇怪，但很盛行。1987 年的"黑色星期一"股灾，就是在巴菲特抨击的这种在计算机模型的主导下酝酿成灾的。很多投资者在进行股票投资时，没有一个适当的投资策略，也没有一个明确的目标和方向。在目标策略都无法确定的情况下，投资者的投资肯定是中、长、短线不分。由于操作策略不清，这就容易造成许多错误的判断和决定。

长期投资有长期的策略和方法，短期炒作则有其短线的思路和操盘手法，而最常见的错误就是长期的投资计划被短期的震荡所吓跑，原本计划赚 50% 以上才出局，却经不起 5% ~ 10% 的小小震荡而匆忙平仓。而原打算短线投机，本来每股只想赚 1 元钱，却因被套而被迫长期投资，甚至每股深套 10 元以上，致使手中赚钱的强势股早已抛弃，而手中却全是深套的弱势股。显然，这是风险止损意识和投资报酬观念全无的表现。长此以往，输的概率肯定大于赢的概率。

在中国目前经济条件下，长线投资理念在股市中运用没有错，然而，长线投资也是有条件的，长线投资的时机通常应该选择在一个大的底部区域，并选择成长性良好或有潜在题材的股票，如此才可以放心地做长线投资。例如，1996 年 1 ~ 3 月份选择四川长虹做长线投资，当时其股价仅为 8 元左右，到 1997 年 5 月份该股高达 66 元，大大地超过了同期指数的上涨幅度，从而形成头部，并一路下跌。如 1997 年 5 月份买进四川长虹做长线投资，则明显犯了投资错误。

对于投资者而言，选择短线炒作策略的投资者适合挑选近期的强势股，即针对大盘下跌过程中，成交量较大、换手率较高，并且逆势抗跌、不跌反涨的强势股逢低买进，且应快进快出。买进后，有钱赚要走，没钱赚也要止损，是短线的炒作方法。而选择长线操作宜挑选人见人弃、大家都说不行的弱势股，特别是在经过数月甚至数年下跌的长期价格偏低的弱势股逢低买进，且买进后有小钱赚不要轻易出局，稍微吃点套也不要急着割肉，直到涨到很高的同时受到众多投资者注意，且市场媒体对其一片叫好声不断时，则可以进行长线出局了，这就是长线的投资方法。另外，有些投资者也会犯一些不自觉的错误。做长线投资却在使用短线的技术指标，而短线投机反而只看长线技术指标，这就是策略没有正确制订的结果。

避免陷入长期持股的盲区

巴菲特以长期投资而闻名，但他真正长期投资的只是那些创造价值的能力能够长期保持超越产业平均水平的优秀企业。如果这些企业的盈利能力短期发生暂时性变化，并不影响其长期盈利能力，那么，巴菲特将继续长期持有。但如果盈利能力发生根本性变化，他会毫不迟疑地将其卖出。

巴菲特支付的手段主要是靠投资，因此并不总是长期持股。他鼓励长期投资，前提是这些企业值得长期投资。他完全不会接受投资风险，只有在确认没有任何风险的前提下才会出手。他认为如果一项投资有风险的话，你要求再高的回报率也是没用的，因为那个风险并不会因此而减低。他只寻找风险几近至零的行业和公司。他在给股东的年度报告中明确说："我不会拿你们所拥有和所需要的资金，冒险去追求你们所没有和不需要的金钱。"

有些投资者在被套牢后，索性长期持股，做长期投资，这样做其实是误解了巴菲特的投资理念。因为没有投资这个前提，盲目地长期持股损失可能会更为惨痛。

巴菲特鼓励投资人买入股票后长期持有，是在他倡导的两个前提下进行的。

其一，所投资的公司必须是优秀公司。全世界各地的基金经理随时都持有近百种（亚洲），甚至是上千种（美国）股票。显然，这些公司并非全都是优秀公司。这种广泛撒网式的投资法不是成功投资家的投资理念。

而是只有在优秀公司继续保持优秀状况时，我们才可以继续持有它们。这说明持股不应是永远的，我们要一直不停地观察市场。

其二，就算是一家公司的基本优势还存在着，但如果我们发现还有一家竞争者也同样拥有这个优势，但股价只是它的一半时，则可以卖掉前者而买入后者。巴菲特于 1997 年卖出大部分麦当劳股票，买入另一家快餐业公司的例子就是明证。虽然巴菲特说这是两个不相干的买卖，他仍然觉得麦当劳是一家很优秀的公司，价格正确时可以买入，但也显示出巴菲特交换行业股的存在。

巴菲特也曾经说：如果我发现可口可乐在白水饮料方面还没有积极发展，因此会写一封信给可口可乐公司总部，希望能做出这种改革。如果这个建议在未来几年内未被接受，而全世界的人们又渐渐喝矿泉水而不再喝可乐的时候，即使有百年历史的可口可乐股票也应该卖出。

一些投资者认为，巴菲特持有的股票就是值得投资的股票。其实并非如此，伯克希尔作为企业法人税率很高，相当于个人投资者所得税率的两倍多，因此巴菲特所持股票无论价格多高，只要不卖，他就可以避免缴纳高额税金，这对于他和他的公司来说风险相当低。也就是说，与个人投资者相比，如果巴菲特没有在一个高价位卖出股票的话，他放弃的仅仅是65%的差价利润，而个人投资者则放弃了85%的差价利润。因此，如果巴菲特卖出了哪只股票，就表明他对这个公司前景看淡而不得不出手了。然而，通常投资者想要摸清他的投资轨迹并非易事。因此，与其机械地模仿，不如先学习他的思维方法，这样也许更能把握住巴菲特投资理念的精髓。

巴菲特前25年所犯下的错误

巴菲特在1989年给股东的信里写道："前25年犯下的第一个错误，就是买下了伯克希尔纺织的控制权，即使清楚地知道纺织这个产业前景并不光明，却因为受到价格极其便宜的引诱而购买。这种投资方法在早期投资中获利颇丰，但在1965年投资伯克希尔后，我就开始发现这并不是个理想的投资模式。

虽然巴菲特被称为"股神"，但是他也犯了不少的错误，比如受到股票价格低廉的诱惑，而忽略了这个公司的资质。

巴菲特的六大错误投资是：

第一，投资不具长期持久竞争优势的企业。1965年他买下伯克希尔－哈撒韦纺织公司，然而因为来自海外竞争的压力巨大，他于20年后关闭纺织工厂。

第二，投资不景气的产业。巴菲特1989年以35800万美元投资美国航空公司优先股，然而随着航空业景气一路下滑，他的投资也告大减。他为此投资懊恼不已。有一次有人问他对发明飞机的怀特兄弟的看法，他回答应该有人把他们打下来。

第三，以股票代替现金进行投资。1993年巴菲特以42000万美元买下制鞋公司Dexter，不过他是以伯克希尔－哈撒韦公司的股票来代替现金，而随着该公司股价上涨，如今他购买这家制鞋公司的股票价值20亿美元。

第四，太快卖出。1964年巴菲特以1300万美元买下当时陷入丑闻的美国运通5%股权，后来以2000万美元卖出，若他肯坚持到今天，他的美国运通股票价值高达20亿美元。

第五，虽然看到投资价值，却是没有行动。巴菲特承认他虽然看好零售业前景，但是却没有加码投资沃尔玛。他此一错误使得伯克希尔－哈撒韦公司的股东平均一年损失80亿美元。

第六，现金太多。巴菲特的错误都是来自有太多现金。而要克服此问题，巴菲特认为必须耐心等待绝佳的投资机会。

巴菲特曾经经营《水牛城日报》、美国运通（多元化的全球旅游、财务及网络服务公司）、盖可保险等公司时，他都能成功地"扭亏为盈"，这在普通的投资者看来是一件很了不起的事，然而巴菲特却说，以后不会再去冒险做这种挑战了。

第八章

巴菲特的投资实录

>>>>>

可口可乐公司

投资 13 亿美元，盈利 70 亿美元

可口可乐公司是巴菲特最成功的投资，比他自己想象得还要成功。他于 1988 ~ 1989 年间分批买入可口可乐公司股票 2335 万股，投资 10.23 亿美元。1994 年继续增持，总投资达到 12.99 亿美元。2003 年年底，巴菲特持有可口可乐公司的股票市值为 101.50 亿美元，15 年间增长了 681%。

巴菲特在伯克希尔公司 1991 年的年报中高兴地说："三年前当我们大笔买入可口可乐股票的时候，伯克希尔公司的净值大约是 34 亿美元，但是，现在光是我们持有可口可乐公司的股票市值就超过了这个数字。"

可口可乐公司之所以能给巴菲特带来如此大的利润，是由以下几方面的因素决定的。

1. 业务简单易懂

可口可乐公司业务非常简单易懂。公司买入原料，制成浓缩液，再销售给装瓶商。由装瓶商把浓缩液与其他成分调配在一起，

再将最终制成的可口可乐饮料卖给零售商，包括超市、便利店、自动售货机、酒吧等。

可口可乐公司的名声不仅来自它的著名产品，还来自它无与匹敌的全球销售系统。目前 70% 的销售额和 80% 的利润来自国际市场，而且国际市场的增长潜力仍然很大。美国人均可乐年消费量为 395 瓶，而全球范围内人均可乐消费只有 64 瓶。这一巨大的差距代表着可口可乐公司在全球饮料市场继续增长的巨大潜力。

2. 著名的品牌优势

在全球最著名的 5 种碳酸饮料中，公司独揽 4 种品牌：可口可乐、雪碧、芬达、Tab。

其中，可口可乐已经成为全球最被广泛认同、最受尊重的著名品牌。

巴菲特称可口可乐为世界上最有价值的品牌。据评估，可口可乐品牌价值 400 多亿美元。

可口可乐公司 1995 年年度报告中宣称："如果我们的公司被彻底摧毁，我们马上就可以凭借我们品牌的力量贷款重建整个公司。"

3. 持续竞争优势

可口可乐占了全球软饮料行业一半以上的市场份额。如今可口可乐公司每天向全世界 60 亿人口出售 10 亿多罐的可口可乐。

可口可乐软饮料是世界上规模最大的产业之一。软饮料产业发展的巨大前景为可口可乐的高速增长提供了坚实的基础。产业的特点是：大规模生产、高边际利润、高现金流、低资本要求以及高回报率。

4. 出众的利润创造能力

1980年，可口可乐公司的税前利润率不足12%，而且这一比率已连续下降了5年，远低于公司1973年18%的水平。格伊祖塔上任的第一年，税前利润率就上升到13.7%。1988年，巴菲特买进可口可乐公司股票时，公司的税前利润率已上升到创纪录的19%。

5. 超级内在价值

1988年，巴菲特首次买入可口可乐股票时，公司股票的市盈率为15倍，股价与每股现金流比率为12倍，分别比市场平均水平高出30%和50%。巴菲特以5倍于股票账面价值的价格买入。

6. 优秀的企业管理者

可口可乐公司的管理者罗伯特·戈耶兹亚塔是个非常难得的天才，将市场销售与公司财务两方面高超地整合在一起，不但使公司产品销售增长最大化，而且也使这种增长带给股东的回报最大化。一般来说，一家消费品公司的CEO，由于个人的倾向或经验所致，往往会在经营管理中过于强调市场或财务中的一方面，忽略了另外一方面。但是，罗伯特·戈耶兹亚塔却能够将两者调和到极致。

在罗伯特·戈耶兹亚塔领导下，可口可乐公司的净收益从1979年的3.91亿美元增长到7.86亿美元，比奥斯汀时期增长了1倍。股权投资收益率从1979年的214%提高到271%。

独一无二的饮料配方

1886年，美国佐治亚州亚特兰大市，一家药店的药剂师约翰·史蒂斯·潘伯顿用古柯叶、可乐果、蔗糖等原料，在自家后院的铜罐里配制出一种咖啡色药水。这种药水味道可口，类似糖浆，喝后有健脑提神的作用。药店的记账员弗兰克·鲁滨孙把这种饮料中的两种成分古柯叶和可乐果组合成了"可口可乐"这个名字。后来在药店使用的商业名片上用手写体设计出流畅优雅的商标，凡是拿到名片的人都可以免费得到一杯可乐，人们开始了解可口可乐。潘伯顿当时绝对没有想到，自己的发明后来居然成为全世界风靡的软饮料。

1891年潘伯顿去世，一位名叫阿萨·坎德勒的药品批发商，以2300美元的低价，买下了可口可乐的配方专利权和所有权，并于次年成立了可口可乐公司。精通营销之道的坎德勒深知广告宣传对产品的促销作用，为此他尝试在各种媒体上做广告。除了报纸杂志、户外广告以外，还通过一些辅助材料如菜单、书签、日历、扑克牌等宣传可口可乐。到1895年，可口可乐已经全国皆知，在美国几乎每一个州都有出售。后来，坎德勒创建了可口可乐的独立装瓶体制，即与装瓶公司签订协议，特许该公司购买可口可乐原液，并生产、装瓶和销售可口可乐饮料。

自从1886年创制出可口可乐配方以来，可口可乐公司在过去120多年里一直对这支营销全球的汽水秘方保密。直到最近几年面临食品安全问题时，可口可乐公司才改变策略，稍微揭开一点神秘面纱，强调饮料配方中没有添加防腐剂，也没有人造味道。原来，可口可乐的配方124年来都没有改变过。法国一家报纸曾打趣道，世界上有三个秘密是为世人所不知的，那就是巴西球星罗纳尔多的体重、英国女王的财富和可口可乐的秘方。

在与合作伙伴的贸易中，可口可乐公司只向合作伙伴提供半成品，获得其生产许可的厂家只能得到将浓缩的原浆配成可口可乐成品的技术和方法，并不能得到原浆的配方。

可口可乐公司的历任领导人都把保护秘方作为首要任务。大约在1923年，可口可乐公司向公众播放了将配方的手书藏在银行保险库中的过程，并表明，如果谁要查询这一秘方必须先提出申请，经由信托公司董事会批准，才能在有相关人员在场的前提下，在指定的时间内打开。而如果你要证实可口可乐公司的其他保密资料，则就变得简单很多。

可口可乐的主要配料是公开的，包括糖、碳酸水、焦糖、磷酸、咖啡因、古柯叶等，但核心技术"7X"却从未公开，虽然它只占所有配方的1%。"可口可乐"的竞争对手数次高薪聘请高级化验师对"7X"配方进行破译，但总以失败告终。虽然科研人员通过化验得知可口可乐的最基本配料是水，再加上少量的蔗糖、二氧化碳等，但其他公司按此配制出来的饮料口味却大相径庭。

"7X"商品的配方由三种关键成分组成，这三种成分分别由公司的3个高级职员掌握，三人的身份被绝对保密。而且，他们只知道自己的配方是什么，三人不允许乘坐同一交通工具外出，以防止发生事故导致秘方失传。而且据传现在全世界只有两个人知道可口可乐糖浆的完整配方，可口可乐公司规定这两个人不能同时外出旅行，如果其中一人死了，另一人就要去找一个"徒弟"，把配方的秘密传授给他。

由此人们才知道，可口可乐中的极少量"神秘物质"，才使得可口可乐维系了一个多世纪的荣光，而作为每年销售几百亿箱的全球碳酸饮料龙头，可口可乐的配方早已成为大众消费文化的代表。

1916年坎德勒用设计独特、曲线优美的筒裙状瓶子替换了可口可乐原有的直筒瓶子，这种独特的瓶形设计后来也成为可口可乐品牌的独特标志之一。

130多年的成长历程

可口可乐是世界上最大的软饮料生产和经销商。公司的软饮料早在1886年就已经问世，迄今畅销130多年，遍布全球190多个国家和地区。

可口可乐公司的名声不仅来自它的著名产品，还来自它无可匹敌的全球销售系统。可口可乐公司在美国以外的国际市场上的销售额和利润分别占其销售总额的67%和利润总额的81%。可口可乐公司拥有可口可乐企业（美国最大的装瓶商）44%的股份以及可口可乐阿玛提公司52%的股份——该公司是澳大利亚的一家装瓶商，业务遍及澳大利亚、新西兰和东欧。可口可乐公司还持有南美、东南亚，及墨西哥、中国等地装瓶公司的股份。1992年，可口可乐公司销售了100多亿箱的饮料。

巴菲特对可口可乐公司非常熟悉，他与可口可乐公司的关系可以追溯到他的童年时代。巴菲特在20世纪80年代买入可口可乐公司之前，已经关注了它52年，才等到可口可乐公司价格下跌形成足够的安全边际，他终于抓住了这绝好的投资机遇。巴菲特1989年大笔买入可口可乐股票后，在当年的年报中兴致勃勃地回顾了自己52年来持续长期关注可口可乐公司的过程：

"我记得大概是在1935年或1936年第一次喝了可口可乐。不过可以确定的是，我从1936年开始以25美分6瓶的价格从巴菲特父子杂货店成批购买可口可乐，然后再以每瓶5美分零卖给周围的邻居们。在我跑来跑去进行这种高利润零售业务的过程中，很自然地就观察到可口可乐对消费者非同寻常的吸引力及其中蕴藏的巨大商机。在随后的52年里，当可口可乐席卷全世界的同时，我也继续观察到可口可乐的这些非凡之处……直到1988年夏天，我的大脑才和我的眼睛建立了联系。一时之间，我对可口可乐的感觉变得既清楚又非常着迷。"

在1989年大规模投资之前，巴菲特认真研究了可口可乐公司100多年的经营历史。

1886年5月8日，约翰·潘伯顿用一只三脚铜壶第一次调制出可口可乐糖浆。潘伯顿第一年就卖出了25加仑，第一年的总销售额为50美元，总成本是73.96美元。1887年，他将发明的"可口可乐糖浆浓缩液"申请了专利。

潘伯顿听从了他的记账员弗兰克·罗宾孙的建议，用"可口可乐"来为他发明的产品命名。在广告中，可口可乐名字用流畅的斯宾塞字体书写，其中两个"C"看起来十分美观。经过100多年，可口可乐的这一标识如今为全世界所熟知，可口可乐饮料已经成为美国人乃至全世界人们生活中不可缺少的一部分。

1891年，亚特兰大商人阿萨·坎德勒用2300美元买下可口可乐公司的经营权。巴菲特在 1997 年伯克希尔公司股东年会上说："坎德勒基本上只用了 2000 美元就买下了可口可乐公司，这可能是历史上最精明的一桩买卖。"坎德勒在给可口可乐配制糖浆时，在饮用水里加入了一些自然原料，这就是众所周知的可口可乐"商品 7X"配方——这是世界上最令人嫉妒的商业秘密，也是被最严密保护的饮料配方。

1892 年可口可乐公司在亚特兰大召开了第一届股东年会，有 4 位股东出席。当时的年销售额为 49676.30 美元，资产负债表上的资产额为 74898.12 美元。经过几年的努力，坎德勒杰出的经商才能使得可口可乐在全美各州的销售量迅速增长。

1894 年密西西比州维克斯伯格的一家糖果商人约瑟夫·比登哈恩从亚特兰大用船来运输糖浆，成为第一个生产瓶装可口可乐的商人。

1899 年，经过 5 年多的发展，大规模瓶装生产日益成熟。田纳西州沙塔诺加的约瑟夫·怀特海德和本杰明·托马斯获得了在美国大部分地区销售瓶装可口可乐的特许经营权。

这个合同开启了可口可乐公司独立开创瓶装生产系统的先河，这一系统一直是公司软饮料运作系统的基础。可口可乐将用于软饮料生产的糖浆和浓缩液运送到世界各地的瓶装可乐销售商手中，然后进行灌装后，在销售商所在的地区配送和销售。

1919 年，以欧尼斯特·伍德洛夫为首的投资者们用 2500 万美元买下了这家公司。到 1923 年，他的儿子罗伯特·伍德洛夫成为这家公司的总裁。罗伯特·伍德洛夫决心让全球各地都有可口可乐，带领公司开展了一系列的展览宣传和促销活动。他 60 多年的卓越领导使可口可乐公司逐步发展成为全球最强大的软饮料企业。

可口可乐公司通过向外扩张，在加拿大、古巴设立分支机构，于 19 世纪 90 年代就迈出了国际化的步伐。在 20 世纪 20 年代，可口可乐公司开始向欧洲进军，1928 年它首次进入中国。1928 年可口可乐公司成为奥林匹克运动会赞助商。当时在一架运送参加奥林匹克运动会的美国代表队到阿姆斯特丹的美国运输机上同时装着 1000 箱可口可乐饮料。

在 1941 年，由于美国介入第二次世界大战，伍德洛夫命令："无论是谁，无论花公司多少钱，每个士兵只要花 5 美分就可以买一瓶可口可乐。"第二次世界大战期间，公司说服美国政府在海外建立了 95 个灌装厂，名义上是为了提高士气而实际是专门为了扩大市场。马克·彭德格拉丝特在 1993 年 8 月 15 日的《纽约时报》上发表了一篇题为《为了上帝、国家和可口可乐》的文章：一个成功的企业需要一群忠实的消费者。一位士兵在给家里的信中写道："在两栖登陆中最重要的问题是在第一次或第二次潮汛来临时，岸上是否会有可口可乐售卖机。"第二次世界大战结束后，尽管美国军队撤离了，但可口可乐却继续受到当地人的喜爱，成为第一批畅销海外的美国产品之一。在此基础上，可口可乐公司迅速在全球建立了规模庞大的生产销售系统，形成了公司在软饮料业内的巨无霸地位。

可口可乐公司向全球近 200 个国家约 1000 家加盟者提供其糖浆和浓缩液。尽管在这 200 个国家里同时销售其他 230 多种品牌的饮料，但在大多数国家中，几乎没有什么饮料品牌能够与可口可乐相竞争。世界上一半的碳酸饮料都是由可口可乐公司销售的，这一销量是它的劲敌百事可乐公司的3倍。全世界成千上万的人一天就要喝掉10亿罐的可口可乐，这相当于全球饮料市场日平均消费量的2%。

在1997年可口可乐公司的年度报告中，可口可乐公司前主席道格拉斯·伊维斯特写道："可口可乐公司的创业者们绝不会想到会有今天的成绩，当你读到这份报告的时候，可口可乐公司已经取得了一个里程碑式的发展：公司的可口可乐产品以及其他产品每天的销售已逾10亿罐。第一个价值10亿美元的可口可乐饮料，我们花了22年的时间才卖出，如今，我们1天就能卖出10亿罐饮料。"

一个多世纪以来，世界范围内可口可乐员工们将1盎司的可口可乐糖浆兑入6.5盎司的碳化水，没有哪种产品有这样普及。

巴菲特告诉《福布斯》杂志说，他购买可口可乐的一个主要原因就是，在这个大众口味日趋相同的世界里，可口可乐的股票价格并没有反映出可口可乐国际市场销售额中的增长。

巴菲特买入可口可乐股票后感叹道："当时我看到的是……世界上最流行的产品为自己建立了一座新的丰碑，它在海外的销量爆炸式地迅速膨胀。"

载入吉尼斯纪录的超级销量

1988年巴菲特开始买入可口可乐公司股票，在此之前可口可乐的经营情况如何呢？

可口可乐公司 1987 年的年报对前 11 年的经营情况做了一个很好的回顾，以下我们在扣除非经常性项目损益与所得税调整的影响后加以分析。营业收入每年增长 10.6%，10 年里增长了 2.75 倍，营业利润增长了 2.58 倍。

1981 年罗伯托·郭思达上任后公司产品盈利能力大幅度增长，1982 ~ 1997 年 15 年间营业利润每年增长 12%。

1976 ~ 1980 年可口可乐公司税前利润率连续下降了 5 年，1980 年可口可乐公司的税前利润率不足 12%，远远低于公司 1973 年 18% 的水平。1981 年罗伯托·郭思达上任的第一年，税前利润率就上升到 13.7%。1988 年，巴菲特买进可口可乐公司股票时，公司的税前利润率已上升到创纪录的 19%。

可口可乐公司每年 9 亿美元的净利润无疑会吸引新的竞争对手进入饮料产业，但可口可乐取得如此业绩依靠的是每天高达 10 亿罐的销售量。公司尽可能降低成本，以低价格保证巨大的销售量，每罐只有半美分的利润，这形成了阻挡其他竞争者的巨大壁垒。

罗伯托·郭思达的目标是到 2000 年可口可乐公司的销售额要翻一番。罗伯托·郭思达在《可口可乐面向 2000 年的企业制度：我们 90 年代的使命》一书中指出，可口可乐公司是唯一具有能给全世界任何地方带来新鲜活力和能量的企业。通过提高公司在东欧、俄罗斯、印尼、印度、非洲和中国的销量，销售额翻一番的目标完全可以实现。尽管这些国家的人均消费量可能永远赶不上美国（年人均消费 296 瓶 8 盎司装可口可乐），但只要销量在这些国家和地区略有增长，就可以获得可观的利润。目前，世界上有一半人人均可口可乐年消费量不到 2 瓶，仅在中国、印尼、印度的机会就足以使可口可乐公司积累进入 21 世纪的财富。

无法撼动的知名品牌

全世界每一秒钟约有 10450 人正在享用可口可乐公司所生产的饮料。

在巴西，西姆斯集团装瓶厂为将可口可乐运到偏远地区的销售点，需要用小船，沿亚马孙河流域航行 30 天才能到达。

日本拥有最多的自动售卖软饮料机，全国共有 200 万部，其中超过 1/3 带有可口可乐商标。日本最畅销的非碳酸饮料乔治亚咖啡，就是可口可乐公司的产品。

在哥斯达黎加的阿蜜，一个大市场和一个公共汽车站都是以"可口可乐"命名，该处是原来的可口可乐装瓶厂所在地。如果你坐出租车，告诉司机你要去"可口可乐"，那么司机很可能送你到市场，而非真正的可口可乐装瓶厂。

可口可乐湾在洪都拉斯的科尔特斯港。40 多年前以可口可乐为这个海滩命名，因为这个海滩就在一家可口可乐装瓶厂前面。那间可口可乐装瓶厂现今已不复存在，但名字却留给了海滩。

巴西马卡帕装瓶厂位处赤道，因此我们可以在街的一边即南半球买一瓶可口可乐，然后立即到街的另一端即北半球再买一瓶可口可乐。

如果将至今所有出厂的可口可乐，以 8 盎司可口可乐曲线瓶，将其首尾相连地排列，沿着地球周围的卫星轨道环绕，所形成的距离将花费一个卫星 11 年 10 个月又 14 天内的时间绕行 4334 圈。

如果可以制造一个大得足以装下所有曾经生产过的可口可乐的超级大瓶子，则这个瓶子的瓶高将会有 3.2 公里，宽达 2.4 公里。若有与这个瓶子成同等比例的人，这人将会是一个身高超过 27.2 公里，体重达到 3 亿 2 千万吨的巨人。

如果将曾经出厂的可口可乐以 8 盎司弧形瓶送给全世界所有的人，则每人将可获得 678 个瓶子（或 42 加仑以上）。如果将所有曾经生产的可口可乐，以 8 盎司曲线瓶装首尾相连排列，它们将会从月球来回 1057 次。若以每天来回一趟计算，则须花费 2 年 10 个月又 23 天的时间。

如果将所有曾经生产的可口可乐以 8 盎司曲线瓶头尾相连排列，它们将会从水星通过金星、地球、火星，一直到木星。

如果将曾经生产的所有可口可乐倒进一个平均深度为 1.8 米的游泳池，则这个超级大游泳池的长为 35.2 公里，宽为 12.8 公里。这个游泳池将可同时容纳 54800 万人。

领导可口可乐占领世界的天才经理人

现在世界上有多少人手里拿着可口可乐在畅饮，恐怕是无法数清的。可口可乐这个典型的美国饮料，已成为美国著名品牌、世界著名品牌，并成为美国文化的象征。

可口可乐总裁甚至多次说过："即使我的工厂被大火毁灭，即使遭遇世界金融风暴，但只要给我留下可口可乐的配方，我还能东山再起，还能重新开始。"的确如此，今天我们之所以能够喝到这样美味可口的饮料，必须感谢一个人———阿萨·坎德勒。

1851 年 12 月 30 日，阿萨出生在美国佐治亚州一个富裕的家庭里。1870 年，他先是在小镇卡特斯维尔的小药店当学徒，两年之后，学徒生涯使他明确了自己要做一个药剂师的愿望。于是在 1873 年，学徒期满的他踏上了去亚特兰大的路程，当时，阿萨的口袋里仅有 1.75 美元。一直到晚上 9 点钟，他来到了桃树街的"大众药房"，药房老板接待了这个看上去疲惫不堪的小伙子，勉强同意留下他试用。

1888 年，少时受过伤的阿萨被头痛折磨得很是苦恼，朋友就建议他试试可口可乐。阿萨照办了，头痛果然减轻。后来，他不断饮用可口可乐，偏头痛竟逐渐好转，这使得身为药剂师的阿萨对可口可乐大感兴趣。经过调查，他发现潘伯顿并不善于经营，于是他决定入股。阿萨入股可口可乐之后，觉得潘伯顿和参与生产、销售可口可乐原浆的人都没有做好工作，他不想只接管一项管理不善的事业。要么不干，要么完全控制！ 1888 年 8 月 30 日，阿萨·坎德勒付出了最后一笔款子——1000 美元，最终拥有了可口可乐的全部股权。

1891 年秋季，阿萨把他的可口可乐公司搬到亚特兰大迪凯特街 42 号的楼上。在推销可口可乐的过程中，他很快意识到，如果只把这种饮料定位于"药用饮料"，它的产品消费者就会局限于"病人群体"，而如果改变促销宣传内容，将其定位于大众化的软饮料，人人都能喝，何愁打不开销路？从此，可口可乐便从一种药用饮料变为人们所熟悉的"清香提神"饮料。

阿萨的促销广告宣传摇身一变，由"神奇健脑液"变成了后来人们熟悉的"清香提神"软饮料的广告词。汽水店、冷饮店是当时城市人最爱光顾的主要场所。夏季生意相当红火，但进入秋冬季节，生意便一落千丈，甚至关门歇业。阿萨看准这个潜力巨大的市场，亲自上门促销，鼓动店主们摆卖可口可乐。

1899 年，两名青年律师托马斯和怀特黑德主动恳请与可口可乐公司合作，采用瓶装技术扩大可口可乐饮料的销售。阿萨当即对他们表示："我对这种瓶装业务几乎没有什么信心。"同时，他又表示，如果他们能够制作出合格、安全的玻璃瓶，他还是愿意提供充足的原浆及饮料。两位律师使出浑身解数，终于说服阿萨跟他们签订了一份合同：托马斯和怀特黑德自筹资金建立瓶装厂，并保证只灌装可口可乐饮料。作为回报，阿萨则让他俩独享瓶装可口可乐专营权和商标权，并提供充足的饮料。

第二年起，专门灌装可口可乐饮料的瓶装厂陆续在全美各地建成投产。阿萨经营的可口可乐通过瓶装技术，源源不断地销售到美国城乡各地。

阿萨有一句座右铭："今天损失的可口可乐，明天再也补不回来。"从细微处着手，认认真真地做着每一笔生意，并力图把生意做好，这使得许多客户从他那里得到了足够的自尊，感受到了阿萨的自信。因此，所有的客户都乐于和阿萨做生意，也相信阿萨的可口可乐原浆的产品质量。于是，阿萨的客户越来越多，生意也越做越大。

20 世纪 80 年代可口可乐公司在罗伯托·郭思达领导下又发生了巨大变化。

自 1962 年起一直担任公司总裁的保罗·奥斯汀，1971 年被任命为董事长，他开始大规模进行多元化经营，如投资于众多与可乐无关的项目，包括水净化、白酒、养虾、塑料、农场等。事实上，20 世纪 70 年代可口可乐公司的股东权益投资收益率仅为可怜的 1%。保罗·奥斯汀偏离饮料主业进行多元化的行为加重了可口可乐公司 70 年代的不景气。同时他刚愎自用，令人难以接近，公司董事会财务委员会主席、91 岁的元老小罗伯特·伍德拉夫在民怨沸腾的情况下，要求奥斯汀辞职，并起用罗伯托·郭思达。

20 世纪 70 代末 80 年代初，在美国南部，观众打开电视时，突然看到了一个很有意思的广告。这则广告是百事可乐新推出的，广告的内容是：给顾客倒两杯可乐，不告诉顾客杯子里盛的是什么可乐，然后让顾客根据口感来判断，谁的口味更好。结果 80% 的顾客选出来的口味更好的可乐，最后一查全都是百事可乐。

百事可乐广告一经播出很轰动，因为在参加这些测试的顾客中，很多人都是可口可乐的拥趸。但是在这次盲测中，他们觉得百事可乐口感更好，这连他们自己都觉得很不可思议。

百事可乐很快把它推向全国。一时间社会舆论大哗。百事可乐在美国饮料市场的份额突然从 6% 猛升至 14%，距离可口可乐只差一个百分点。

初上任的郭思达无法忍受这样的情况继续下去，他必须要做出改变。要改的就是 90 多年来一直都没有变过的可口可乐配方。

1985 年，可口可乐放弃了已使用 100 多年的老配方，推出了新的可乐配方。这一惊人的失误付出了惊人的代价。在无数可口可乐忠诚消费者的压力下，老配方不得不又恢复了。

20 世纪 80 年代中期，可口可乐的经营策略发生了改变。郭思达渐渐放弃了与可乐无关的业务。

他最大的功劳是推动可口可乐的全球化高速增长。可口可乐开始加强在巴西、埃及、中国、印尼、比利时、荷兰和美国的灌装生产。这种策略重心的转变在可口可乐 1986 年度的报告中明确体现，其封面是三瓶可乐放在世界之巅，里面则表达了公司对未来的热切期望：潜力是无穷的。到处都有人安装可口可乐系统……全世界都有可口可乐，到处都能买，到处都能卖。

报告中的数字表示罗伯托·郭思达的全球化经营策略获得了丰厚的回报。1984~1987 年，即巴菲特投资前，可口可乐在全世界的销量增加了 34%，每加仑边际利润也从 22% 上升到 27%，国外的总利润从 6.66 亿美元涨到了 11.10 亿美元。

从 1886 年可口可乐诞生到今天，可口可乐已经走过了 131 年的历史。可口可乐的历史本身就是近现代企业发展史的浓缩版本。这一百多年来，可口可乐经历了十余任 CEO。然而最伟大的 CEO，总是出现在最危难的时刻，阿萨坎德、郭思达……他们把危机转成时机，让这种棕色汽水红遍全世界。

1 美元留存收益创造 9.51 美元市值

可口可乐公司在郭思达领导下的财务业绩比奥斯汀时代翻了

2~3 倍，这导致公司股票市值以更快的速度增长。

1974~1980 年的奥斯汀时代，公司市值从 31 亿美元增长到 41 亿美元，年均增长率只有 5.6%，大大低于标准普尔 500 指数的平均增长速度。在这 6 年中，公司每 1 美元留存收益仅产生 1.02 美元的市场价值。

郭思达上任后，1980~1987 年，可口可乐公司股票市值年均增长 19.3%，尽管 1987 年 10 月美国股市发生了灾难性崩溃，公司每 1 美元留存收益产生了 4.66 美元的回报。

1987~1992 年，可口可乐公司股票的市场价值从 141 亿美元升至 541 亿美元。在此期间公司盈利 71 亿美元，其中分红 28 亿美元，其余 43 亿美元作为留存收益用于再投资。公司每 1 美元留存收益创造了 9.51 美元的市值增长。巴菲特 1988~1989 年投在可口可乐公司的 10.23 亿美元到 1992 年已升值到 39.11 亿美元。

巴菲特在 1992 年伯克希尔公司股东年会上说："重要的是，你是否适合经商。"他说的一个最经典的例子，就是你本来可以在 1919 年用每股 40 美元的价格买下可口可乐公司的股份，巴菲特说："一年后的股票价格是 19.50 美元，由于糖价上涨，你亏损了一半的钱。如果你当初把所有股息再投资的话，今天你的 40 美元就会变成 180 万美元（在 1998 年又变成了 500 多万美元），这其中经历了经济萧条和战争，还有什么能比投资于一个优秀的企业所带来的回报更高的呢？"

高成长性下的高安全边际

1988年6月，可口可乐公司股票市价约为40美元，巴菲特1988~1989年间分批买入的2335万股，平均买入价格为每股43.81美元左右，总的成本为10.23亿美元。1992年可口可乐股票拆细后为9340万股。1994年略有增持达到1亿股，总的买入成本达到12.99亿美元。

1988年巴菲特首次买入可口可乐股票时，公司股票的市盈率为15倍，股价与每股现金流比率为12倍，分别比市场平均水平高出30%和50%。巴菲特以5倍于股票账面价值的价格买入。

1988年可口可乐公司的股东收益为8.28亿美元，美国30年国债的到期收益率为9%左右。如果用9%去贴现，那么可口可乐公司的内在价值为92亿美元。但巴菲特购买可口可乐公司股票时，它的市场价值已经达到148亿美元，这说明巴菲特对可口可乐公司的出价可能过高。

根据我们前面的计算其价值区间为207~408亿美元。即使按估值区间下限计算，巴菲特买入价格的安全边际也有28.5%。

应该说巴菲特看好的是可口可乐公司非凡的前景，巴菲特买入可口可乐公司股票的最大安全边际来自未被市场充分认识到的高成长性。

巴菲特以巨资买入可口可乐后，在1988年伯克希尔年报中解释道：

"1988年我们大笔买进联邦家庭贷款抵押公司与可口可乐，我们准备长期持有。事实上当我们持有杰出经理人管理的优秀企业的股票时，我们最喜欢的持有期限是永远。许多投资人在公司表现良好时急着想要卖出股票以兑现盈利，却紧紧抱着那些业绩令人失望的公司股票不放手，我们的做法与他们恰恰相反。彼得·林奇曾恰如其分地形容这种行为是'铲除鲜花却浇灌野草'……我们继续将投资集中在很少几家我们能够完全了解的公司上。只有很少的公司是我们非常确信值得长期投资的公司，因此当我们发现找到这样的公司时，我们就想持有相当大的份额。我们同意马克·韦斯特的观点，好东西当然是多多益善。95.11 超级投资回报：持有 17 年盈利70 亿美元，增值 5.4 倍。"

可口可乐是巴菲特投资规模最大，也是利润最多的投资。2003年年底巴菲特持有可口可乐的股票市值为 101.50 亿美元，15 年间投资增值 681%，大大高于巴菲特预计的 5 倍，总共投资盈利 88.51亿美元，占巴菲特所有股票投资盈利 300 亿美元的 1/4 以上。

2004 年底巴菲特持有的可口可乐股票市值下降为 83.28 亿美元，15 年间投资增值 541%，仍高于巴菲特预计的 5 倍，总共投资盈利 70 亿美元。巴菲特仍然坚持永远持有可口可乐股票，他坚信可口可乐未来肯定能够持续增长，为他带来稳定的高回报。

/ 第二节
政府雇员保险公司

盈利 23 亿美元，20 年投资增值 50 倍

政府雇员保险公司（GEICO）吸引人的地方，很可能是它在利润方面所具有的优势。巴菲特一直持有 GEICO 股票，并在 1996 年全部收购 GEICO 股份。从 1976 年开始买入到 1996 年全部收购，巴菲特持有 GEICO 公司股票长达 20 年。

1980 年底，GEICO 股票在伯克希尔公司的普通股投资组合中占 20%，这是当时比重最高的一只股票，比第二名《华盛顿邮报》高近 10%。1985 年该公司股票占巴菲特投资组合的 49%。20 年间巴菲特持股毫无变化，持股成本为 4571.3 万美元。

巴菲特曾经这样感叹："GEICO 是我投资生涯的初恋。"事实上，他与政府雇员保险公司的关系史长达 59 年，1951 年的时候，巴菲特就曾拜访过政府雇员保险公司。

1996 年，政府雇员保险公司面临破产，尽管当时公司市值大幅下跌到仅有 700 万美元，但巴菲特认为伯克希尔公司值得支付 23 亿美元买下 GELCO 其余 49% 的股权。

GEICO 是巴菲特最成功的投资之一，在全部收购股份的前一年即 1995 年，巴菲特用 4500 多万美元的投资赚了 23 亿美元，20 年间投资增值 50 倍，平均每年为他赚取 1.1 亿美元。

巴菲特与政府雇员保险公司的情缘

巴菲特曾经详细回顾了他与政府雇员保险公司的情缘，巴菲特在这期间论证股票可买性的过程和方法值得我们学习。

巴菲特早在 1950 年在哥伦比亚大学读书时，就注意到他崇拜的老师本·格雷厄姆是 GEICO 的董事长，这激发了巴菲特对这家公司的好奇心。

巴菲特首次对 GEICO 保险公司产生投资兴趣时，就阅读了许多资料，在图书馆待到闭馆才离开，他从 BESTS 开始阅读了许多保险公司的资料，还阅读了一些相关的书籍和公司年度报告，巴菲特一有机会就与保险业专家以及保险公司经理们进行沟通。

1950~1951 年，巴菲特在哥伦比亚商学院读研究生，但他并非想获得一个学位，而是为了能够有机会得到当时在该校任教的本·格雷厄姆的教诲。听格雷厄姆讲课实在是一种美妙的享受，很快，他就开始设法了解一切与他心目中的英雄相关的事情。

巴菲特曾说："首先我翻开《美国名人录》，在有关格雷厄姆的介绍中发现他是 GEICO 的董事长，当时对我而言，GEICO 完全是一家陌生产业的陌生公司。

"旁边的一位图书管理员指点我查阅一下《全美最佳火灾与意外保险公司手册》，我从中查到 GEICO 总部位于华盛顿特区。于是在 1951 年 1 月的某个星期六，我搭乘火车前往位于华盛顿的 GEICO 总部。令我失望的是总部大门紧锁，我在门上敲了半天，看门人终于出来了。我向这位一脸疑惑的先生问，办公室是否有人可以跟我谈一谈，他说他看见六楼有人在加班。

"就这样我遇到了当时还是董事长助理的罗里莫·戴维孙，后来他成为 GEICO 的 CEO。虽然我唯一的来访背景不过是格雷厄姆的一名学生，可戴维孙还是非常和蔼地和我谈了 4 个小时，让我受益匪浅。也许从来没有人能够像我这样幸运，能够接受到如此优秀的半天课程，从中学习到保险行业如何运作以及哪些因素使一家保险公司能够超过同行。正如罗里莫·戴维孙清楚地告诉我的那样，GEICO 采用的直销方式，使其相对于通过业内根深蒂固而难以舍弃的传统代理销售方式而言，具有巨大的成本优势。拜访罗里莫·戴维孙之后，从来没有一只股票像 GEICO 这样让我心潮澎湃。

"从哥伦比亚大学毕业几个月后，我回到奥马哈担任股票推销员，我几乎把推销的重点全部集中在 GEICO 这一只股票上。我第一笔生意就是把这只股票推荐给总是 100% 支持我的爱丽丝姑姑，结果顺利成功了。当时我只是一个年仅 20 岁看起来却像只有 17 岁的毛头小伙子，因此我推荐的股票总是没有人愿意相信。尽管如此，我仍然毫不气馁，在 1951 年给当时的主要财经出版物《商业与金融年鉴》的《我最喜爱的股票》专栏写了一篇内容不长的推荐 GEICO 的报告，更重要的是我自己也买入了 GEICO 的股票。

"哎！可惜的是，在 1952 年我以 15259 美元的价钱卖出全部

GEICO 持股，然后将所得资金投入到西方保险证券公司，我见异思迁的部分原因是这家公司只有 1 倍左右的低市盈率让我一见倾心。但过了 20 年后，当时被我卖出的 GEICO 股票市值已经高到 130 万美元，这给了我一个很大的教训，那就是绝不能卖出一家显而易见的卓越公司的股票。

"你可能会觉得不可思议，从 1944 年开始纳税至今，我保留了所有纳税申报单。检查后我发现在 1951 年我先后 4 次买入 GEICO 股票，最后一次是在 9 月 26 日。这样偏执的收藏让我觉得自己很早就有自我陶醉的倾向。可能那时我向一些客户推销 GEICO 股票被拒之后，决定自己买入这些股票，尽管当时我已将个人 50% 以上的财产全都押在这只股票上。不管怎样，这一年间我以 10282 美元的成本累计买入了 350 股 GEICO 股票。到了年底，我持有的这些股票市值增长到 13125 美元，在我个人资产中所占的比重高达 65%以上。

"你可以看出，GEICO 是我投资生涯的初恋。还有，沿着这些记忆的时光隧道让我想起，我用来买入 GEICO 股票的资金大部分来自我做报童递送《华盛顿邮报》所挣的钱，而过了很多年之后，正是通过投资出版《华盛顿邮报》的《华盛顿邮报》公司，我将 1000 万美元投资增值到 5 亿美元。"

在 1998 年伯克希尔公司的股东年会上，戴维孙派人送来一盘录音带，这盘录音中录有戴维孙当时对年轻的巴菲特所说的话："下次来访前一定要事先预约，而且最好不要在星期六上午来访。"

第一次投资 GEICO 之后，巴菲特还投资过西方保险公司，并且继续大胆地向他的客户推荐保险公司股票。后来他曾以 3 倍于收益的价格买下了堪萨斯城人寿保险公司的股票，他还将马塞诸塞州人寿保险公司的股票加入到伯克希尔—哈撒韦公司的证券组合之中。1967年，他又买下了国民保障公司的控股权。

通过一系列对保险公司的投资，巴菲特进一步深入了解了保险公司的运行机制。对巴菲特来说，这些经验比其他任何经验都重要，它帮助巴菲特了解了保险公司是如何赚钱的。对保险业务的深入了解，使巴菲特后来敢于在 GEICO 因为亏损面临破产的情况买入其股票，获得了很高的投资回报。

所向披靡的低成本竞争优势

巴菲特在伯克希尔1986年的年报中认为 GEICO 是全球最优秀的保险公司，GEICO 之所以能够成功的最重要因素，在于该公司能够将营运成本降到最低的水平，这使它与其他所有汽车保险公司相比如同鹤立鸡群。GEICO 的经营记录是全世界保险公司中最好的，甚至比伯克希尔公司的经营记录还要好。1986年 GEICO 公司的承保支出和损失调整支出占保费收入的比例只有23.5%。许多大型保险公司的综合成本率比 GEICO 要高出15%，即使是 Allstate 与 StateFarm 等汽车保险直接销售公司的成本也明显高于 GEICO。

在容量巨大的汽车保险市场中，大多数公司由于其销售渠道结构限制了灵活经营，GEICO 却一直以来将自己定位为一个保持低营运成本的公司。GEICO 根据其定位进行经营，不但为客户创造非同寻常的价值，同时也为自己赚取了非同寻常的利润。几十年来GEICO一直这样运作，即使20世纪70年代中期发生财务危机，也从未损害GEICO最关键的产业竞争优势。

GEICO的问题与1964年美国运通所暴发的"色拉油丑闻"事件类似。两者是同一类型的公司，都是暂时性地被一个财政危机搞得跌跌撞撞，而这种财政危机并没有摧毁公司非凡出众的内在竞争力。GEICO与美国运通本身的状况也类似，都属于公司整体上仍然拥有非凡的经济特许权，却在局部有一个完全可以处理掉的问题，但这种状况完全不同于那种真正的咸鱼翻身类公司的状况。

巴菲特于1980年完成对GEICO的投资后，在伯克希尔1980年的年报中指出，他之所以在其破产之际大规模投资，是因为他认为尽管公司20世纪70年代遇到很大的财务危机，但GEICO的竞争优势完整无损，并且在新的管理层领导下公司竞争优势能够继续长期持续。

巴菲特在伯克希尔1995年投入巨资23亿美元收购了GEICO其余49%的股权，他在伯克希尔1996年的年报中解释说，他这样做是因为他认为GEICO的成本竞争优势可以永远持续下去。

GEICO持续地吸引优秀的保险客户，并且持续提供让客户满意的服务，当然同时必须合理地进行定价和提取准备，但是该公司成功的最关键因素在于能够保持事实上其他竞争者无法相比的最低经营成本。1995年托尼和他的管理团队将承保损失与营业费用比率进一步降低到保费收入的23.6%，比1994年又降低了1个百分点。

巴菲特曾说："我们预期会有新的竞争者加入直接销售保险市场，GEICO现在的一些竞争对手也可能将会扩大销售区域。但不管怎样，GEICO 目前所形成的规模经济，肯定会进一步加大保护公司经济堡垒的低成本竞争优势。GEICO 将尽最大的努力在拥有很高市场占有率的营业区域继续降低成本。随着公司保单的增长，同时市场占有率也在不断增长，公司预期成本能够进一步地明显降低。GEICO 的可持续成本优势正是当初在 1951 年吸引我投资该公司的根本原因，尽管当时公司市值大幅下跌到仅有 700 万美元，这也是为什么我认为 1995 年伯克希尔公司应该支付 23 亿美元买下 GEICO 其余 49% 的股权。"

力挽狂澜的天才经理人杰克·伯恩

20 世纪 70 年代，美国汽车保险业务竞争激烈，为了在竞争中进一步扩大市场份额，政府雇员保险公司管理层违背创始人古德温的原则，决定降低保险人适用标准，积极拓展蓝领工人和 21 岁以下的司机两个客户群体。虽然保单数量和营业收入增长很快，但是，汽车修理和医疗费用的暴涨使公司经营成本快速上升，费用支出控制也大不如前。1974 年，公司亏损 600 万美元，这是自创办 28 年以来出现的首度亏损。到 1975 年，公司亏损进一步扩大，达 1.26 亿美元，濒临破产境地。1976 年，公司股票价格由每股 61 美元跌到 2 美元。所幸在 1976 年杰克·伯恩担任 CEO 并采取激烈的补救行动后，才使公司幸免于难。

基于对杰克和公司基本竞争力的信心，伯克希尔在 1976 年下半年大量买入 GEICO 股票，后来又小幅增持。"至 1980 年底，我们共投资 4570 万美元，拥有该公司 33.3% 的股权。但在之后的 15 年内，我们并没有再增持。不过由于该公司大规模回购股份，使我们的持股比例增加到 50% 左右。"

GEICO 公司首席执行官杰克·伯恩正是巴菲特最欣赏的那种企业经理人。巴菲特在伯克希尔 1977 年的年报中指出："保险业务的特点使经理人个人的影响力对于公司业绩有很大影响。我们非常幸运拥有一群非常能干的经理人。"巴菲特在伯克希尔 1995 年的年报中坦陈："在 GEICO 面临破产之际大规模投资，一方面是对其竞争优势有信心，另一方面是对其担任 CEO 的杰克·伯恩有信心。"

在杰克·伯恩的领导下，GEICO 重新取得了竞争优势，成为最低成本的汽车保险服务提供者。正是杰克·伯恩对公司费用坚定和严格的约束，才使 GEICO 从危机中重振辉煌。

杰克·伯恩在他上任的头一年关闭了 100 个办公室，把职员人数从 7000 人裁减到 4000 人，保险业务则扩展到新泽西州和马塞诸塞州。他还摒弃了允许保单持有人不提供近期情况就更新投保的计算机系统。同时他发现公司在更新保单时价格定低了，决定公司对这些保单重新定价。尽管 40 万保单持有人决定不再继续投保，公司保单持有人从 270 万人降至 150 万人，公司保险业务量下降，但盈利却大幅度提升。在 1976 年亏损 1.26 亿美元之后，1977 年盈利 5860 万美元，杰克·伯恩上任仅 1 年即扭亏为盈。

杰克·伯恩 1986 年从 GEICO 辞职，继任的 CEO 比尔·辛德领导公司保险业务继续蒸蒸日上。巴菲特在伯克希尔 1986 年的年报中对比尔·辛德称赞有加。

巴菲特曾回忆道："到了 1995 年，我们同意以 23 亿美元买下另一半原来不属于我们的股份，这实在是天价，不过它让我们可以百分之百地拥有一家高成长性的、从 1951 年至今非凡竞争优势始终不变的出众的优秀企业。另外，GEICO 拥有两位非凡出众的经理人，一位是专门负责保险运作的托尼·奈斯利，一位是专门负责投资运作的卢·辛普森。

"52 岁的托尼在 GEICO 任职已有 34 年了，他是我心目中管理 GEICO 保险业务的不二人选。他有着精明的头脑、无限的精力、高尚的品格与惊人的专注，如果我们够幸运的话，托尼·奈斯利将再创一个 34 年的辉煌。卢的投资管理同样出色，1980 ~ 1995 年，在卢的管理下 GEICO 的股票投资年平均报酬率高达 22.8%，而同期标准普尔 500 指数只有 15.7%。卢和我们一样采取保守且集中的投资策略。他进入伯克希尔公司董事会对我们来说有相当大的帮助，他的存在，可以确保查理跟我本人万一要是突发任何不测，能够有一位非常杰出的专业人士可以立即接手伯克希尔公司的投资管理工作。"

巴菲特这样盛赞这两位经理人："GEICO 与同行间的成本差异就是一条保护价值非凡、人人垂涎的商业城堡的护城河，没有人比GEICO 公司董事长比尔·辛德更懂得护城河保护城堡的道理。他通过持续降低成本使这条护城河不断加宽，更好地保护企业特许经营权的同时也使其更加强大。1985 ~ 1986 年，GEICO 公司总成本比率从 24.1% 降低到 23.5%。如果公司能够保持这样低水平的总成本比率，而且能够继续保持客户服务和承保的标准，公司的前途将更加光明……总而言之，GEICO 是一家由非凡的经理人管理的非凡的优秀公司，我们很荣幸能与他们一起合作。"

超强盈利能力创造超额价值

巴菲特曾在伯克希尔 1980 年的年报中对 GEICO 的内在价值进行了分析：

"我们非常高兴以 4700 万美元买入 GEICO 股票。如果是通过谈判来购买整个企业的话，要买下一家具有一流经济特征和前景光明、每年盈利能力为 2000 万美元的类似企业至少需要 2 亿美元（在一些产业可能需要花费更多）……在管理界并没有更多的像杰克·伯恩那样的明星经理人，还有什么比同时拥有杰克·伯恩与 GEICO 更好的呢？在这一点上，我们对 GEICO 再满意不过了。非常重要并且非常难以模仿的产业竞争优势，加上在业务经营与资本配置方面拥有高超技巧的能力非凡的管理层，二者的天作之合使 GEICO 成为投资界的最佳典范。如你所知，我们的持股成本约 4700 万美元，1976 年的投资占 50%，1980 年的追加投资占 50%。"

根据有关资料，应用现金流量贴现估值模型，大致可以推测巴菲特在 1980 年进一步大规模投资 GEICO 股票时估值的基本过程如下：

假设 GEICO 可以不追加任何资本而能持续保持每年 6000 万美元的利润，则按当时 30 年期美国政府债券 12% 的到期收益率来贴现，GEICO 的内在价值将是 5 亿美元，几乎是它 1980 年市值的

2倍。

如果公司能以2%的实际增长速度或未扣除通货膨胀影响的15%的速度提高其获利能力，则公司的内在价值将增至6.66亿美元，而巴菲特对于该公司的股票投资的价值相应为2.22亿美元，也就是说，1980年GEICO股票的市值还不到其获利能力贴现后的内在价值的一半。

GEICO由于采取直销方式，其保险产品价格承保成本仅为13%左右，然而一般采取代理销售的保险公司的承保成本可能都在30%~35%之间，因此它是一家有着巨大竞争优势的公司。巨大的成本优势为公司带来了巨大的盈利能力。1982年以来，GEICO的权益资本收益率平均为21.2%，是行业平均水平的2倍。这种远远超出同行的超额盈利能力为GEICO创造了远远高于有形资产价值的超额经济价值，因此公司具有巨大的经济商誉。

巨大的安全边际来自GEICO公司的破产风险

1972年，政府雇员保险公司的股票价格上升到历史最高点——每股61美元。到1973年，股价跌了一半。1974年，股价继续下跌至10美元。1975年，当董事会宣布预计出现亏损时，股票再次下跌至7美元。一些股东以欺诈罪起诉公司经理层。而经理层则辩解说，通货膨胀和令人难以容忍的法律费用与医疗成本造成了公司的不幸。但这些理由说服力不强，因为所有保险商都面临这些问题。政府雇员保险公司的问题在于，它与原来只为谨慎的驾驶员提供保险的成功战略走得太远了。而且，它不再控制公司费用支出。随着公司扩展投保司机的名单，原来估计保费支出的假设在满足实际保费支出要求方面出现了灾难性的不足。同时，公司低估保险损失的同时，又增加了固定费用支出。

巴菲特 1976 年在拜访 GEICO 公司管理层后，认为尽管公司濒临破产的边缘，但其竞争优势依然存在。于是他投资了 410 万美元买入 130 万股，相当于每股 3.18 美元。随后该公司发行了 7600 万美元的可转换优先股，巴菲特投资 1941.7 万美元买入 1969953 股可转换优先股，相当于发行总量的 25%。由于该公司的迅速扭亏为盈，盈利能力大大提升，巴菲特在 1980 年又以 1890 万美元以每股 12.8 美元的价格买入 147 万股。到 1980 年底，巴菲特共持有该公司 720 万股，全部买入成本为 4713.8 万美元，这时这些股份的市值已经上升到 1.05 亿美元，涨幅在 1 倍以上。该公司一直在回购自己的股票，到 1996 年伯克希尔公司持有股权比例上升到 50%。1996 年初，伯克希尔以 23 亿美元买入了另外 50% 的股份，将其变为私人公司，不再上市。GEICO 是巴菲特伯克希尔投资王国的核心，其庞大的保费收入为巴菲特提供了大量的投资资金来源。

巴菲特投资 4700 万美元，持有 GEICO 公司 33% 的股权。根据他本人最保守的估计公司每年 2000 万美元的盈利能力至少价值 2 亿美元，因此他持有 33% 股权的价值至少为 7000 万美元，也就是说他投资的安全边际接近 40%。

图书在版编目（CIP）数据

巴菲特之道 / 德群编著 . — 北京 : 中国华侨出版社 , 2018.3（2025. 5 重印）.

ISBN 978-7-5113-7514-8

Ⅰ . ①巴… Ⅱ . ①德… Ⅲ . ①巴菲特 (Buffett,Warren 1930–) —投资—经验 Ⅳ . ① F837.124.8

中国版本图书馆 CIP 数据核字（2018）第 029273 号

巴菲特之道

编　　著：德　群
责任编辑：唐崇杰
封面设计：李艾红
美术编辑：牛　坤
经　　销：新华书店
开　　本：880mm×1230mm　1/32 开　印张：8.5　字数：190 千字
印　　刷：三河市燕春印务有限公司
版　　次：2018 年 5 月第 1 版
印　　次：2025 年 5 月第 18 次印刷
书　　号：ISBN 978-7-5113-7514-8
定　　价：36.00 元

中国华侨出版社　北京市朝阳区西坝河东里 77 号楼底商 5 号　邮编：100028
发 行 部：（010）88893001　　传　真：（010）62707370

如果发现印装质量问题，影响阅读，请与印刷厂联系调换。